흙과 씨앗의 만남

내 이름 석자를 최고의 브랜드로 만들어 준 축복된 만남

임교희 지음

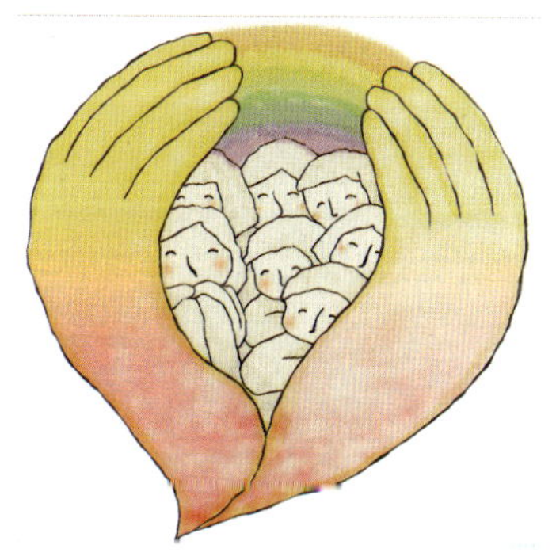

엘맨

– 시도교회 소개 –

▲ 시도교회 전경

▲ 추수감사예배 모습

– 베데스다 외부 소개 –

▲ 베데스다 전경

▲ 베데스다 연못

– 베데스다 내부 소개 –

▲ 베데스다 친교실

▲ 베데스다 세미나실

▲ 베데스다 상담실

- 시도교회 중보기도팀 소개 -

▲ 말씀과 찬양 사역팀

▲ 상담과 치유 사역팀

▲ 기도 사역팀

– 시도교회 중보기도팀 소개 –

▲ 베데스다 사역팀들과 함께

▲ 사역의 기둥, 다섯행각

– 시도교회 활동 소개 –

▲ 사이판에서 가족수련회

▲ 지역어르신과 함께한 효도관광훈련

▲ 포도나무 선교회

만남

우리의 만남은 우연이 아니야
그것은 우리의 바람이었어…

어느 대중가수의 노래 가사이지만 나는 이 노랫말에 많은 공감을 하고 좋아한다. 우리가 사는 세상에는 크고 작은 많은 만남이 존재하지만 어떤 만남이냐는 의미를 부여할 때 더욱 귀한 만남으로 발전할 수 있다. 유행가 가사처럼 우연이 아닌 간절한 바람으로 얻어진 만남이기에 소중하고 가치있고 의미있는 관계를 형성하고 유지하게 되는 것이다.

그러니 우리 크리스천들의 만남은 단순한 바람이라기보다는 하나님의 준비된 섭리 속에서 만난 만남이라는 신앙적 가치관을 갖고 있기 때문에 감정적 변화로, 환경적 변화로 그 어떠한 장애물로도 끊어버릴 수 없는 진한 사랑의 관계로서의 만남으로 결속하게 된다.

『깨진 옥합』,『선비 목사와 머슴 사모』에 이어 『흙과 씨앗의 만남』이라는 제목으로 사역을 중심으로 한 메시지를 모아 보았다. 흙과 씨앗은 세상의 어떤 만남보다 절묘한 만남이다. 창조주로부터 맺어준 이 만남은 모든 만남의 진리가 숨겨져 있다. 흙은 씨앗을 위해 존재하고 씨앗은 흙의 도움으로 뜻을 이루게 되는 상호보완적 관계 속에서 열매라고 하는 아름다운 결과물을 낳게 되는 것이다. 이번 출판의 기회를 통해 더욱 감사한 것은 나를 지금까지 인도하시고 지켜주신 하나님께서 나에겐 어떤 귀한 만남들이 있었는가를 돌아보는 귀한 시간이 되었음이다.

먼저, 부모님을 통해 하나님을 만났다는 사실이 나를 그저 행복하게 한다.

내 하나님을 만나지 못했다면 나는 어찌되었을까? 거듭나지 못하고 미숙했던 내 모습을 떠올리면 그림이 그려진다. 하지만 난 주님을 만났고 성령님을 만나 오늘의 내가 되었다. 나는 내가 좋다. 나는 나를 사랑한다. 그것도 나는 나를 아주 많이 존귀히 여긴다. 주께서 존귀하게 보시는 만큼 나는 나를 주님의 이름으로 끝까지 지켜갈 것이다.

두 번째 만남은 나의 배우자와의 만남이다.

특별히 내 인생의 가장 중요한 삶을 함께 동행하고 엮어가는 남편인 목사님과의 만남에 크게 의미를 부여하고 살아간다. 나는 남편과의 만남에 4가지 의미를 싣는다.

그 첫 번째는 여호수아와 갈렙같은 동역자로서의 만남이다.

여호수아가 모세에 이어 지도자로 기름부음을 받았을 때 갈렙은 여호수아의 신실한 동역자로 세워졌고 훗날 갈렙은 여호수아에게 자기의 분깃 즉 헤브론 땅을 달라고 요구했다(수 14:12). 이에 여호수아는 그를 축복하고 헤브론을 그에게 주어 기업으로 삼게 했다. 남편은 나의 적은 능력을 인정하여 한 부분의 사역을 맡겨주고 저녁 설교를 맡겨 줌으로 나로 하여금 더 깊은 영성을 쌓을 수 있도록 길을 열어주었다. 그야말로 서로를 인정해주고 격려해 주는 신실한 동역자로서의 만남인 것이다.

두 번째는 솔로몬과 술람미같은 연인으로서의 만남이다.

"나는 나의 사랑하는 자에게 속하였고 나의 사랑하는 자는 내게 속하였다"(아 6:3). 우리는 둘 다 화려한 연애 경험이 없는 순진한 성남성녀(聖男聖女)였다. 연애에 대한 환상을 안고 결혼하여 젊어서 하지 못했던 로맨틱한 연애기분으로 살아가려고 한다. 검은 머리가 하얗게 되고 얼굴에 주름으로 세월의 흐름을 말한다 해도 나는 하이힐을 신고 운전하는 차 안에서 두 손을 꼭 잡고 서로가 있음에 행복함을 과시할 것이다.

세 번째 **다윗과 요나단 같은 친구같은 만남이다.**

자신의 모든 권리를 포기하면서 다윗의 재능과 능력을 인정해 준 요나단, 다윗을 다윗되게 만들어 준 최고의 사람 요나단, 나는 우리 남편 목사님께 요나단같은 친구가 되어 줄 것이다.

네 번째 **요셉과 마리아처럼 영적인 부모로서의 만남이다.**

하나님의 엄청난 계획에 동참했던 성령이 충만한 부부. 요셉과 성숙한 인격의 사람 마리아는 성령님의 도구로서 예수님의 사역에 온전한 디딤돌이 되었다. 이것이 우리 부부가 바라는 컨셉(concept)이다. 우리 부부에게 주신 선물인 영화를 먹이고 입히고 가르치는 일을 세상 기준에 두지 않고 하나님께 초점을 둔 양육 방법은 예수님을 키워낸 마리아와 요셉을 본받기 위함이다. 이처럼 남편과의 만남을 그 어느 만남보다 특별한 의미를 둠으로서 우리는 행복하게 오직 목양에 일념할 것이다.

내 인생의 또한 특별한 만남은 내가 모든 것을 걸고 투자하는 성도들과의 만남이다.

내가 사는 이유도, 내가 건강해야 하는 이유도, 내가 행복해야 하는 이유도 이 만남을 더욱 승화시켜 하나님의 영광을 드러내기 위함이다. 우리 시도교회 성도들은 마음이 옥토이다. 신앙이 옥토이다. 이렇게 우리 성도들이 옥토로 변할 수 있도록 작업을 시작하신 분이 계시다. 우리의 전임이셨던 오선애 목사님이시다. 목사님께서는 성도들에게 섬기는 법을 가르치셨고 목자와 아름다운 인간관계를 형성할 수 있는 틀을 만들어 주셨다. 목사님께 진심으로 감사드린다. 나는 우리 성도들을 눈에 넣어도 아프지 않을 것 같다. 가슴으로 품되 나의 심장소리를 들려주고 싶을 정도로 사랑한다. 내가 이렇게 사랑을 품고 사역할 수 있음은 나를 끊임없이 감동시키는 우리 사역의 핵심 멤버들이 있기 때문이다.

베데스다 다섯 행각(순교의 사람, 감람나무, 축복의 사람, 아가페사랑, 겨자씨). 저들의 헌신은 가정보다 교회를 더 사랑했고 자녀보다 목회자를 더 사랑했으며 자신의 생명을 주님과 목회자를 위해 바친 귀하고 귀한 사역자들이다. 나는 이들의 헌신을 받아 모든 성도들을 향해 사랑을 품어낼 수 있게 되었다. 그들과의 만남이 나를 영적인 리더요 치료하고 섬기는 리더로 만들어 주었다.

또 하나의 만남이 있다. 내 인생의 격려자. 나의 영성을 존귀히 여겨줌으로 항상 비전을 갖게 해 주는 나의 오빠 임석순 목사님이다.

당신은 대형 교회의 목회를 하고 있지만 섬에 있는 작은 교회, 우리 시도교회를 보리떡과 물고기의 액면 그대로가 아닌 기적을 낳는 기적의 재물로 보아주고 인내하게 하셨다. 작은 것 중에서 생명을 찾아내는 목사님이 계시기에 더욱 힘이 된다.

모든 만남이 오래된 시간을 통해서만 완성되는 것은 아니다. 잠깐의 만남이 엄청난 영향력을 미칠 수도 있기 때문이다. 짧은 만남 속에서 큰 영감으로 도전을 받게 하셨던 춘천 우두교회 김영원 목사님이 계시다. 첫 만남에서 목사님의 깊은 영성에 흥분됐던 기억을 잊을 수가 없다.

우리는 많은 사람들과 접촉하며 살아간다. 그러나 특별한 의미를 부여할 만큼 소중한 만남은 우리 삶에 가장 큰 재산이요 축복임을 깨닫게 된다. 지금까지 나의 주변에 허락하신 많은 만남을 돌아보면서 주께서 내게 주신 한없는 은혜와 사랑에 보답하는 의미로 내 생이 다하는 날까지 실력을 쌓는 사람, 인격을 형성하는 사람, 헌신의 자세로 섬기는 보시주의자(布施主義者)가 될 것이다.

『흙과 씨앗의 만남』 이후에 삶이 병들고 상처 입은 자들에게는 좋은 흙으로 생명을 담은 씨앗으로 만남의 축복을 나누고 싶다. 끝으로 이 책이 나올 수 있도록 물질적 후원을 아끼지 않은 베데스다 다섯 행각들과 복된 열매와 꿈과 비전의 사람에게 깊이 감사드린다.

우리의 만남이 영원히 기억되길 바라며…

2007년 5월 어느 날 베데스다 연못에서...

깊은우물 임교희

몇 년 전까지만 해도 나는 사회주의 국가라면 모든 것이 꽁꽁 얼어붙은 겨울과도 같을 것이라고 생각했다. 그러나 헝가리에 도착하는 순간 탁 트인 평원에서 불어오는 바람은 언제 겨울이었나 싶을 만큼 코끝을 시원하게 해주었다. 한참 차를 타고 달리다보니 저 언덕 너머에서 불어오는 산들 바람과 함께 겨울이 지난 산자락과 들판 여기저기에 펼쳐진 해바라기는 마치 먼 곳에서 온 손님을 아는 듯 환한 얼굴을 드러내며 맞이해 주었다. 해바라기의 고개 숙인 모습은 겸손과 여유가 넘치는 넉넉한 모습이었다.

겨울은 지나가고 저 언덕 너머에서 불어오는 향긋한 냄새는 마치 참 자유를 아는 듯 자유인을 환영하고 있었다. 들의 작은 새싹들은 수줍게 자라기 시작하고 총총히 보이는 돌들은 예전의 동심을 찾은 듯 활기차기만 했다.

이곳 저곳에서 솔솔 풍겨오는 시골의 향기는 꽁꽁 얼어붙은 빙하가 녹아 칙칙한 냄새를 씻어주는 듯 했다. 이제는 마음껏 창문을 열어놓고 저 언덕 너머에서 불어오는 산들바람을 마시고 싶어 저마다 꿈틀거리는 모습들에서 꽁꽁 얼어붙은 긴장감은 찾아볼 수 없고 그저 아름다운 평온함만 가득 느낄 수 있었다.

예수님과 동행하며 한껏 꿈에 부풀어 있던 제자들에게 어느 날 들려온 예수님의 십자가 참상에 대한 소식은 그들의 평온함을 깨는, 무섭게 밀어닥친 어두움이었다. 한 순간에 무참하고도 무기력하게 죽어가는 예수님을 바라보며 가지게 된 그들의 비통한 슬픔은 가슴의 시원한 바람을 몰아내고, 대신 온 몸과 마음을 얼어붙게 만드는 대륙의 차가운 바람으로 가득차게 했다. 슬픔과 참담함이 가슴에 자리 잡기 시작하면서 더 이상 그 어떤 희망도, 꿈도 없이 마음의 문을 굳게 닫고 두려움에 떨고만 있었다. 이런 제자들에게 주님은 새로운 바람, 부활의 바람을 몰고 오셨다. 뿐만 아니라 그 어떤 얼어붙은 마음도 녹이기에 충분한, 굳게 닫힌 문도 열 수 있는 성령의 바람을 몰고 오셨다.

인생은 언제나 그렇다. 평온한 바람이 불어오다가 언제 어디서 갑작스런 돌풍을 만날지 모른다. 그런 돌풍으로 인해 평화가 깨지고 소중한 것을 잃어버리는 아픔을 겪을 수도 있다. 그래서 이제는 끝이라는 생각마저 할 수도 있다. 그러나 그것은 잠깐이다. 돌풍이 우리에게 순간적인 동요를 불러일으킬지 모르지만 돌풍 뒤에는 언제나 부드러운 바람이 준비되어 있다. 저 언덕 너머에서 불어오는 부활과 성령의 바람이 우리의 삶을 다시 일으키고 이전보다 더 풍성한 것으로 만들어줄 것이다. 이런 바람을 기대하며 마음껏 마음의 창을 열고 성령을 모셔 드리는 한 교회를 이 책에서 소개한다.

이 시대는 급속히 변해 가고 있다. 교회는 이런 시점에서 급진적으로 변화해야 한다고 생각하는 것은 당연한 일이다. 이런 급진적인 변화에 따라 교회는 프로그램으로 사람들에게 만족을 시키려는 시도와 문화를 통해 기독교적 접근 내지는 사회에 봉사 참여를 통해서 교회를 유지하려는 온갖 방법들을 제시하고 있다. 그나마 그런 교회들은 이 시대에 참여하려고 애쓰는 모습들 중에 하나이지만 현재에 머물러 안주하려는 교회들도 있다.

교회의 본질은 예수님의 지상명령을 수행해야 하는 선교적 교회를 요구한다. 레너드 스윗 박사는 현대 교회는 선교적 교회, 관계적 교회, 성 육신적 교회의 본질을 회복해야 한다고 한다. 비록 작지만 자랑스럽고 큰 일을 행하는 한 교회를 이 책에서 만날 수 있다. 세속적 침입에도 초대 교회의 모습을 따르려는 열정적인 모습을 갖추고 있는 교회가 있는데 바로 "시도교회"다. "시도교회"는 작은 마을의 교회이지만 농촌교회라고 하기에는 대형 교회가 부럽지 않을 만큼 이 시대에 도전을 준다. 할 수 없다는 절망이나 현실에 머물러 있기를 결코 용납하지 않고 비록 작은 교회지만 세계를 향한 비전을 품고 헌신적인 삶을 살아가고 있다. 이 시대의 초대교회를 재현하려는 열정을 품고 살아가는 교회의 모습을 보며 우리들에게 큰 도전을 주는 내용을 담고 있는 책이다. 이 시대에 주일 날만 예배하는 모습을 넘어 예수님의 열정적인 제자로 살기 위하여 날마다 훈련하는 "시도교회"는 지금도 기적은 계속 일어나고 있고 색다른 신앙공동체의 모습을 대면할 수 있다. 이것은 과거의 권위적이거나 아니면 수단적인 목적으로가 아니라 생명의 관계로서 참된 사랑의 관계로 자연스러운 공동체를 발견할 수 있으며 참으로 건강한 교회를 만날 수 있을 것이다. 그리고 이런 배경에는 성령의 임재 하심으로 초대 교회의 모형을 꿈꾸며 씨름하는 교회였던 것을 이 책을 통하여 만나게 될 것이다.

꿈을 잃어가고 있는 이 시대의 교회들에게 다시 꿈을 갖게 하며 그 꿈을 갖고 전혀 기도했던 마가 다락방의 120 문도와 같이 그들은 전혀 기도에 힘씀으로 기도만이 이 시대의 모든 대안이며, 마스터 키임을 증거로 보여 주고 확신케 하는 체험을 담고 있는 책이다.

오늘날 세계교회들은 한국교회를 주목하고 있다. 이때 한국교회는 영적인 직관력을 가지고 새로운 패러다임이 아니라 성경으로 돌아가는 모델의 교회를 보여줄 때이다.

이런 꿈을 갖고 소망을 보여주는 "시도교회"는 어떻게 그런 모습으로 갖추어 가는지 이 책을 통해서 알게 될 것이다. 그리고 이 책을 접하는 사람들에게는 이러한 꿈을 갖기 위하여 거룩한 비전을 갖게 할 것이다.

그리고 저 바다 건너에서 불어오는 성령의 바람이 이 책을 읽는 모든 분들과 교회와 온 땅을 적시기를 기대한다.

한국중앙교회 **담임목사** 임석순

소중한 만남은 인생을 얼마나 유쾌하고 상쾌하게 하는지요. 저는 삶을 살아가면서 세 가지 만남을 소중히 여깁니다. 첫째로 좋은 사람과의 만남이요, 둘째로 좋은 교회와의 만남이요, 셋째로 좋은 책과의 만남입니다. 그런데 살아가면서 좋은 만남이 쉽지 않다는 생각을 하게 됩니다. '좋은 만남이구나' 하였지만 시간이 조금 지나면 곧 '그렇고 그런 만남이구나' 라고 고개를 떨구게 됩니다.

그런데 어느 날.

참으로 우연히(목사가 우연이란 말을 쓰는 것보다는 하나님의 섭리라고 해야 맞겠지요?) 한 번의 만남으로 세 가지 좋은 만남을 이루는 쾌거를 올렸습니다. 얼마나 유쾌하고 상쾌하고 통쾌한 기분이 들던지요. 그동안 잘못된 만남으로 마음에 응어리졌던 십년 묵은 체증이 싹 가셔 버렸습니다. 저를 유쾌하게 한 만남은 몇 년째 이어져오지만 참으로 좋은 만남이라는 생각은 아직도 유효합니다.

무슨 만남이였을까요? 바로 인천 공항 옆 선착장에서 배로 10분밖에 걸리지 않는 아주 작은 시도라는 섬에 있는 시도감리교회를 담임하고 계시는 김옥태 목사님과 임교희 사모님 그리고 시도교회와 사모님이 쓰신 책이였습니다. 이 분들은 저에게 뜻밖의 신선한 충격과 심장을 불태우는 감격을 안겨주었습니다. 조건 없는 나눔, 생명을 담보로 한 금식 기도를 통한 뜨거운 영성, 그러면서도 행복하게 사는 모습들을 보며 '과연 이 시대에도 이렇게 사는 분들도 있구나. 참 멋있다.' 라고 감탄할 수밖에 없었습니다.

시도교회는 목사님 내외분의 삶이 그대로 투영된 교회였습니다. 작은 교회지만 적어도 40군데가 넘는 어려운 교회들을 돕는 큰 교회. 금식 기도가 아예 습관이 되어버린 사모님과 함께 밤낮으로 기도하는 성도들로 인하여 깊은 영성으로 무장된 교회. 신나게 제주도로, 필리핀으로, 사이판으로 여행하면서 '세계는 나의 교구' 라고 외친 웨슬리 목사님을 닮아가는 교회. 이런 시도교회를 생각할 때마다 괜히 신이 나고 흥이 납니다.

다음으로 사모님의 글입니다. 집회를 마치고 돌아올 때 목사님이 겸손하게 "제 집사람의 졸저입니다. 시간 있으면 읽어보세요. 그러나 안 읽으시면 나중에 혼나십니다."라고 하며 한 권의 책을 주셨습니다. 책꽂이에 잘 모셔두었습니다. 그런데 어느 날 집사람이 "이 책 언제 산거야? 아주 신선하고 영감이 있고 읽을 만한데"라고 하기에 보니 사모님의 책이었습니다. 문득 목사님의 공갈과 협박이 생각나서(김옥태 목사님은 지금도 자주 여러 가지 공갈과 협박을 서슴지 않고 있습니다.) 두려운 마음으로 책갈피를 폈습니다. 그리고 곧 감동이 물밀듯이 밀려왔습니다. 정말로 좋은 책이였습니다. 사모님의 금식 기도로 인한 영감과 영성이 그대로 묻어나는 책이었습니다. 시간을 아낌없이 투자했습니다. 과연 좋은 책과의 만남이었습니다.

어느 날 또 목사님의 협박성 메일이 왔습니다. 사모님이 겁 없이 또 "만남"이라는 책을 썼는데 목사님과의 만남 이야기도 있으니 추천글을 잘 써 보내라고 부탁하시더군요.

선비 목사님답게 아주 점잖게 부탁하는 것 같더니 곧 본성이 드러났습니다. "안 보내시면 나중에 후회하게 됩니다". 어느 분은 이 추천글을 읽으면서 "뭐 이렇게 장난스럽게 추천글을 써?"라고 못마땅해 하실 분도 있을 수 있습니다. 그러나 목사님 내외분, 목사님이 섬기는 시도교회와 성도들, 그리고 사모님이 쓰신 책들과의 만남(사모님 말씀대로 아주 짧은 만남입니다.)은 제가 소중하게 여기는 세 가지 만남을 동시에 이루어 주었습니다. 지금도 이 만남이 저를 기쁘게 하고 유쾌하게 합니다.

이 글을 읽는 분들도 제가 느낀 유쾌, 상쾌, 통쾌한 경험이 있길 바랍니다.

춘천 우두감리교회 **담임목사** 김영원

차례 Contents

– 화보

– 프롤로그

– 추천의 글 Ⅰ, Ⅱ

하나님의 시선이 고정된 교회 · 29

작지만 큰 일을 행하는 교회 · 35

이 시대의 모델이 되는 교회 · 38

주님 제가 하지요 · 46

주님! 나를 쓰시옵소서 · 53

나의 정체성(부활인의 신앙) · 60

목숨 걸 사명을 발견하라 · 68

나는 어떤 기념비를 세울 것인가? · 80

예수님의 카리스마 닮기 · 92

사역자의 성공패턴 · 101

기적과 형통의 문으로 안내하는 감사 · 105

기도는 마스터 키 · 115
그리스도의 분량에 이르기까지 · 124
예수님의 가정으로 입양된 우리 · 128
영적 메이크업으로 이미지 살리기 · 133
거룩한 부자 · 140
성장을 위해 값을 치루는 자 · 146
축복의 통로 · 152
목적 안에서 하나되는 사역자 · 157
거룩하게 튀는 크리스천이 되라 · 165
나는 오늘도 행복합니다 · 174
사랑은 능력이다 · 182

– 에필로그

하나님의 시선이 고정된 교회

"너는 두려워 말라 내가 너를 구속하였고
내가 너를 지명하여 불렀나니 너는 내 것이라"(사 43:1)

무엇이든 시도하는 시도교회

남편과의 섬 목회를 시작한 세월이 어느 새 강산이 두 번 변한다는 20여년이 되었다. 그 세월 중에 절반 이상을 차지하는 이 곳 시도. 고려시대에 강화도에서 쏜 화살이 이 섬에 꽂혀서 화살 '시(矢)' 자를 써서 지금의 섬 이름이 되었다고 한다. 하지만 이 섬에 부임하기 전 기도하던 나에게는 이 곳 시도는 하나님께서 이미 목사님에게 준비하신 가나안 땅이라는 확신이 있었기에 내 나름대로 하나님의 시선이 고정되었다는 의미의 '시도(視島)' 라고 여기며 보다 큰 뜻을 이루어 내는 디전으로 선택되었음에 감사할 뿐이다.

그 옛날 이 땅의 복음화를 갈망하며 굳건하게 믿음을 지켜오신 소수의 선조들로부터 이어져 내려온 신앙의 뿌리가 지금 이 마을의 근간이 되어 마을 주민의 90%가 기독교인이며, 그로 인해 영향력을 미치는 교회로 우뚝 서게 되었으니 어찌 하나님의 은혜라고 여기지 않겠는가.

또한, 세계의 많은 나라들이 있지만 이스라엘이라는 작은 나라를 택하시고 많은 역경과 죄악 속에서도 그 나라를 끝까지 포기하지 않으시고 오늘날까지 지키시고 강국 중의 강국으로 세워 나가심을 본다면 이 작은 교회의 미래가 기대되지 않을 수 없다.

우리 교회는 이름처럼 무엇이든 시도하는 교회다. 섬교회답게 작은 교회이지만 결코 그 안에 내재되어 있는 성도들의 영성만큼은 어느 교회, 어떤 성도님들보다 부족하지 않음이 섬 목회의 행복을 맛보게 하는 원동력이 된다.

섬 교회라고 우습게 생각하지 않길 바란다. 우리 성도들은 섬에 산다고 기죽지 않는다. 소형교회라고 움츠리지 않는다. 넉넉하지 않다고 움켜쥐지 않는다. 우리는 믿음으로 무엇이든지 시도할 수 있는 시도교회이기 때문이다.

균형 있는 교회

하나님은 계획하시고 명령하시는 성부 하나님, 중보자이시며 구원의 통로이신 성자 하나님, 계획하심을 이루기 위해 일하시는 성령 하나님 이렇게 세 분의 인격체로서, 주관하시는 부분도 다르지만 우리가 알듯이 하나님은 삼위일체의 한 분이시다. 우리가 속해 있는 교회도 심령교회, 가정교회, 공동체교회 세 부분으로 구분되지만 결국은 하나로 연합하여 주님께서 사랑하셨던 교회의 모습을 이루게 하는 것이 우리가 추구하는 교회상이다.

"너희가 하나님의 성전인 것과 하나님의 성령이 너희 안에 거하시는 것을 알지 못하느뇨"(고전 3:16). 주님은 친히 우리 몸이 하나님이 거하시는 성전이라고 말씀하셨다. 우리는 이것을 심령교회라고 말한다. 심령교회는 내 안의 쓴뿌리를 제거함으로서 정체성과 평안으로 비전을 이루어 가는 즉, 자아를 실현하는 것을 말한다. 내 몸이 교회라고 생각한다면 내 몸을 거룩하고 성결하게 해야함은 너무도 당연한 것이다. 영육의 건강함이 균형을 이루어야만이 심령교회의 바탕이 된다. 어느 한쪽이 균형을 깨뜨린다면 온전한 교회를 이룰 수 없다. 우리가 육의 몸으로 살아가는 한 끊임없이 찾아오는 죄악들을 주의 보혈로 날마다 씻어야 하며 주님이 내 안에서 편히 머무시도록 늘 나를 점검해야 한다.

두 번째, 가정 교회이다. 가정 교회는 섬김을 훈련하는 곳이다. "교회를 가정처럼, 가정을 교회처럼"은 목사님의 목회 슬로건(slogan)이다. 교회가 가정처럼 편해야 하고 모든 성도가 예수 그리스도 안에서 하나가 되어 아픔과 슬픔, 기쁨을 함께 하는 그야말로 가족이 되고자 하는 것이 목사님의 바람이다. 예배는 교회에서만 행해지는 의식이 아니라 가정에서도 예배가 있어야 한다. 교회에서는 목사님이 제사장이 되어 예배를 인도하고 가정에서는 가장이 제사장이 되어 예배를 드림으로 가정예배를 통한 놀라운 축복을 경험하게 될 것이다.

처음엔 우리 교회의 가정들도 가정예배를 어렵다고 생각했지만 말씀에 순종한 결과로 열매가 지금 우리 성도들 가정에 맺어지고 있다. 한 달에 한 번 드리는 가정이 있는가 하면 매주 시간을 정해 놓고 예배를 드리는 가정도 있다. 가정 예배는 부부의 사랑을 회복하는 중요한 기회가 될 수 있고, 미디어(media)로 인해 단절되어진 자녀들과의 대화 또한 회복할 수 있는 좋은 시간임을 알아야 한다. 예배를 통해 가족이 하나가 되고 그 안에서 신앙교육이 이루어질 수 있으며 그로인해 자녀들이 신앙적으로 성장할 수 있게 될 것이다. 가정 예배는 곧 가정을 행복으로 이끄는 지름길이 되는 통로가 된다.

그러나, 우리가 간과(看過)하지 말아야 할 것은 반드시 예배에는 영적 질서가 있어야 한다. 하나님은 질서의 하나님이다. 영적인 능력을 가장에게 주시길 간구하고 또 간구해야 한다. 지금의 현실은 과거와 달리 여성의 사회 참여로 인해 여성의 인격적 대우가 달라졌고 실제로 높은 사회적 위치에서 사회에 기여하는 여성들이 많아지고 있다. 하지만, 내 남편 또는 내 아내 믿음의 분량이 자기와 다르다고 해서 상대방을 무시하거나 무조건적으로 따라주길 바라는 것은 바람직하지 못하다. 구약의 말씀을 보면 많은 믿음의 조상들이 가장을 통해 영적인 축복권을 물려받음을 알 수 있다. 그 시대의 여성들이 남성들보다 믿음의 분량이 적어서도 아니요, 순종하지 않음도 아니라 오직 영적 질서를 세우시기 위한 하나님의 방법이라고 여겨진다. 믿음의 가정일수록 예배를 통해서 서로의 은사를 찾아주고 인정하는 모습이야 말로 주님이 원하시는 가정인 것이다.

세 번째, 공동체 교회가 있다. 이는 우리 눈에 보이는 건물, 즉 우리가 예배를 드리는 장소인 교회를 말한다. 공동체 교회는 신앙의 트레이닝(training) 장소이다. 자아실현이 심령교회라면 그 자아를 실현시킬 수 있도록 훈련하는 곳이 공동체 교회이다. 하지만 많은 크리스천들은 공동체 교회에 대한 정체성이 희박하다. 하나님은 어디에도 계신다는 말을 빌미로 자신의 주관대로 교회를 옮겨 다니는 철새 성도들이 많다. 그러나 건강한 교회에는 내 교회라는 주체의식과 분명한 나의 배역을 가지고 죽도록 충성하는 성도들이 있다. 예배의 성공자가 삶의 성공자이기에 예배에 목숨을 거는 성도들이 있다.

우리 교회는 매주 토요일이 되면 인천에 거주하며 제단을 섬기는 가정들이 예배를 드리기 위해 배편을 이용하여 들어온다. 토요일이 되면 일이 손에 잡히지 않고 어떻게 하면 그들을 반갑게 맞을까 하는 마음에 목사님과 나는 설레임으로 기다리곤 한다. 교통의 불편함에도 불구하고 내 교회라는 정체감과 사명감으로 늘 기쁜 마음으로 들어오는 그들을 보면 말할 수 없는 행복에 젖는다. 우리 교회는 예배를 통해서 성장하는 한 사람 한 사람의 역할로 인해 작지만 풍성한 교회로 이 지역, 이 사회 더 나아가 세계적으로 영향력을 미치는 교회로 비상하고자 준비하는 모델된 교회로 성장하고 있다.

하나님 나라가 천국이라면 심령교회, 가정교회, 공동체교회는 천국의 분점과 같다. 그리고 하나님은 각 사람에게 그 분점을 경영할 권한을 주셨다. 내 심령을, 내 가정을, 내 교회를 천국으로 만드느냐 아니면 지옥으로 만드느냐는 여러분에게 달렸다. 이왕이면 주님이 주신 그 권한으로 이 땅에서 또 하나의 천국을 만들어 보는 것은 어떨까?

작지만 큰 일을 행하는 교회

"볼찌어다 내가 네 앞에 열린 문을 두었으되 능히 닫을 사람이 없으리라 내가 네 행위를 아노니 네가 적은 능력을 가지고도 내 말을 지키며 내 이름을 배반치 아니하였도다"(계 3:8)

삶의 축복 중에 만남이란 매우 중요하다. 좋은 부모와의 만남, 좋은 배우자와의 만남뿐만 아니라 정신적인 것과 영적인 것은 삶의 많은 부분을 차지하는 중요한 부분이니만큼 하나님의 은혜 아래 성장하고 있는 교회에 다니는 것은 또 다른 축복이다. 어디든지 부흥하는 교회는 그리스도와 동행하는 성령의 사람들이 시작한 소수의 크리스천들의 진정한 희생과 헌신으로부터 출발되는 것을 볼 수 있다.

우리 교회는 적은 능력으로 큰일을 행해야 한다. 그러기 위해서 먼저 예수형 킹카들이 필요하다. 신앙의 인물, 무엇보다 영성으로 가득찬 사람, 성실하고 진실하여 인정받고 신뢰받는 사람, 빈진적이고 창조적이어서 변화를 두려워하거나 거부하지 않는 사람, 세계를 내다볼 줄 아는 열린 사

람, 화평을 이루어 내는 화목하고 평화를 도모할 줄 아는 인물이 더욱 필요하다.

예수님은 이 땅에 오셔서 복음 전파를 위하여 교회를 개척하고 건물을 지으신 것이 아니라 제자를 키우시고 인재를 만드셨다. 베드로를 대표로 하여 12명의 영적 킹카를 훈련하시고 그들에게 남은 복음을 부탁하시며 하나님 곁으로 승천하셨다. 예수님은 몸소 교회를 세우신 것이 아니라 교회를 세울 일꾼을 세우시고 훈련하셨다. 이것이 예수님의 방법이다.

그 제자들도 처음에는 제자다운 사람은 하나도 없었다. 우선 신분으로 보아도, 학식으로 보아도 직업적으로도 한낱 어부일 뿐이었다. 그러나 그들은 많은 실수와 실패를 거듭하며 책망과 채찍속에서도 낙오자는 오직 가룟 유다 한 사람뿐이었고 다 바람직하고 역사적인 제자들로 발돋움 하였다. 끝까지 하나님 나라의 법칙을 배웠고 놓지 않았기때문이다. 철저한 신앙을 고백하고 게다가 오순절 마가의 다락방의 성령을 체험함은 제자를 제자되게 결정하는 원동력이 되었다. 성령의 체험 이후 그들은 어제의 나약하고 비겁하며 계산적으로 목숨을 위하여 주위를 살피고 숨을 죽이는 겁보들이 아니었다. 그들은 힘을 얻었다. 권능을 받았다. 세상을 정복했다. 주님안에서 안되고 못할 것이 없었다.

"내게 능력 주시는 자 안에서 모든 것을 할수 있다"(빌 4:13)고 자신감 넘치게 사람의 한계를 뛰어 넘는 인생을 살았다. 모델되는 교회가 되려면 모델되는 성도들이 먼저 세워져야 한다. 12제자가 영적 킹카인 것처럼 말이다.

지금 우리 교회는 작지만 빌라델비아 교회처럼 '적은 능력을 가지고 큰 일을 행하는 교회'가 되기 위해 모델되는 성도들을 훈련하고 있다. 또한 목사님과 모든 성도가 전심전력(全心全力)하여 열악한 환경적, 물리적, 인적 조건에도 불구하고 하나님의 말씀에 의지하여 당당하게 서가는 교회로 성장하고 있다. 교회가 이렇게 성장할 수 있었던 것은 무엇보다 목사님의 분명하고 소신있는 목회철학을 토대로 일관성있는 지도력이 있었기에 가능하다고 확신한다.

또한 성도들이 그런 목회자를 절대적으로 신뢰하며 협력하고 있기에 2007년에도 40여개의 교회와 기관을 돕는 선교하는 교회가 되고 있으며, 악한 영에 의해 고통받고 있는 자들에게는 영혼의 자유를 찾아 주는 치유하는 교회로 오늘도 성도들이 훈련하며 헌신하고 있다.

이 시대의 모델이 되는 교회

"병든 자를 고치며 죽은 자를 살리며 문둥이를 깨끗하게 하며 귀신을 쫓아내되 너희가 거저 받았으니 거저 주어라"(마 10:8)

우리 시도교회가 이 시대의 모델이 되는 교회가 되려면 평범한 교인들의 모임이란 타이틀을 깨어 버려야 한다. 평범을 넘어서 탁월함, 열정적으로 모든 성도들이 리더가 되어야 한다. 물론 선천적으로 타고난 지도자형도 있다. 그러나 그보다는 배우고 훈련하고 만들어지는 리더형은 더욱 귀하다.

우리 교회는 믿음의 훈련으로 지금의 사역팀이 만들어졌고, 믿음의 리더를 길러내기 위한 영성훈련 코스에 후보 훈련생들이 목사님의 지도 아래 훈련하고 있다. 그들이 내면을 향한 열정과 세상을 향한 열정을 품는다면 평범함이 아닌 탁월함으로 이 시대를 이끌어 가는 교회의 모델로 이미 세워지고 있는 것이다. 그렇다면 이 시대의 모델이 되는 교회로 세워지고자 노력하고 있는 우리 교회는 어떤 실천을 하고 있을까?

주면서 성장하는 교회

어릴 적 은혜 받아 기억에 남는 목사님 한 분이 계시다. 그 목사님께서는 정말 용서할 수 없는 사람을 위한 특효약을 알고 계셨다. 그것은 바로 선물이라고 했다. 용서가 되지 않는 사람에게 선물을 주면 마음이 한결 열린다고 하셨다. 우리나라 속담에 '미운 놈 떡 하나 더 준다' 라는 속담이 있다. 주님께서도 누가 네 오른편 뺨을 치거든 왼편도 돌려 대며 속옷을 가지고자 하는 자에게 겉옷까지도 주라고 하셨다. 주님은 이렇게 원수에게까지도 사랑하고 나누어 주는 것을 아낌없이 하라고 하셨는데 하물며 사랑하는 이웃을 위해서 나눈다는 것은 얼마나 아름다운 것인가?

우리가 주는 일에 익숙해지려면 먼저 관대한 성도가 되어야 한다. 말 그대로 너그럽게 대접해야 한다는 것이다. 마음의 폭을 넓히고 관대하되 진리안에서 관대해야 한다. 진리에서 벗어난다면 '나' 를 드러내기에 가장 쉬운 방법이기 때문인 것이다.

또한 세상과 사람을 보는 선한 눈을 가져야 한다. 모든 것을 내 입장에서 내 관점에서 해석하고 바라본다면 이기주의의 실체가 되어버리기에 반드시 선한 눈을 갖는 성도가 되어야 한다. 준다고 하면서 선하지 못하다면 그것은 진정한 의미의 줌이 아니다.

또 한가지 있다면 나눔으로서 정복의 기쁨을 누리는 것이다. 위에 언급한 목사님의 경우처럼 상처 준 자에게 선물을 줌으로서 내 안에 자리잡고 있던 갈등을 정복해 버리는 것. 정복함으로서 내 마음을 정화시키는 카타르시스(Catharsis)를 맛보게 될 것이다.

2007년도 우리 교회 표어가 주면서 성장하는 교회이다. 물질의 드림뿐 아니라 시간의 드림, 삶의 드림까지도 포함한다. 우리 교회는 지금 40여개의 교회와 기관을 돕고 있다. 섬 사람들의 생활이라는 것이 미루어 짐작이 가지만, 우리 성도들은 드림에 있어 전혀 인색하지 않다. 나는 안 입고 안 먹어도 매달 선교비를 잊지 않으며 내 일이 아무리 바빠도 우선 순위를 교회 일에 먼저 둔다. 나를 드리고, 시간을 드리고, 물질을 드리는 일에 주저하지 않기에 목사님의 선교계획에 동참하며 지금까지 어려운 교회와 기관들을 도울 수 있었다. 올해는 키르키즈스탄에 선교사까지 파송하며 후

원하고 있다. 내가 먹고 남은 것을 드리는 것은 주는 것이 아니다. 어느 교회에서든 할 수 있는 일이지만 우리 성도들의 개인적 삶은 가난하다. 농업도 아닌 것이 어업도 아니고 특별히 수입이 없는 생활 속에서 헌금 생활을 우선 순위로 하고 있다.

내가 쓰고 남은 돈을 드리는 것도 드리는 것이 아니다. 진정한 섬김이란 나에게도 꼭 필요하지만 내 것을 포기하면서도 줄 수 있는 마음, 다시 말해서 희생과 헌신이 따르는 마음인 것이다.

생명력 있는 교회

생명력 있는 교회는 먼저 말씀과 기도로 기초가 든든히 서야 한다. 진리에 생명이 있고 말씀과 기도가 살아 있어야만이 이 어지러운 세상에 영향력을 줄 수 있는 교회가 될 수 있다. 우리는 말씀의 권위를 높여야 한다. 내가 낮아지면 말씀과 그리스도가 높아진다. 나를 먼저 높임이 아니라 나를 겸손히 낮출 때에 그리스도가 높아짐으로서 세상을 향한 말씀의 영향력이 선포되고 진리가 살아 숨 쉬는 교회가 된다. 기도가 살아있는 교회는 성령의 열매가 맺어질 것이요 그 열매로 빛을 발하는 교회가 바로 생명력 있는 교회가 되는 것이다. 상처보다 깊은 기도가 있으면 높은 신앙적 인격의 사람이 된다. 성도들의 삶이 믿음과 인격이 쌓아지면 생명력 있는 교회로 이끌어 갈 수 있는 에너지가 된다.

[자기 점검을 위한 진단법 세가지]

- 단순해야 한다.

하나님 앞에 단순해지지 못한다면 순결하지 못함이라 진단해야 한다. 단순해야만이 순종한다. 복잡하다면 자기 생각이라는 불순물이 들어간 것이고 자기 합리화를 위해 변명과 핑계가 늘어간다. 그러하기에 단순함으로 진단해야 한다.

- 개방성이 있느냐 라는 물음이다.

자유로움이 있느냐는 뜻이다. 잘못 생각하면 성경의 말씀 때문에 행위에 구속을 받게 된다고 단정 짓고, 예수님께서 우리를 구속하심이 아닌 자신의 생각과 판단에 구속되어 얼마나 위험한 일을 초래하는지 알 수 있다. 진정한 자유로움은 진리 안에서 누릴 때 그 기쁨이 갑절이나 됨을 맛보게 된다.

- 공동체를 살리는 일에 협력해야 한다.

내가 하기 싫어도, 내가 바쁘다 하더라도, 내 일보다 먼저 주님의 일을 우선시하는 마음가짐이 바로 생명력의 뿌리가 되는 것이다. 공동체를 살리는 일이라면 앞장서는 성도들이 있을 때 비로소 생명력 있는 교회의 모습을 갖춰 나가는 것이다.

한국을 움직이는 작은 공동체

미국 워싱턴 DC의 빈민가에 '세이비어 교회(Church Of The Savior)'가 있다. 이 교회는 1947년 고든 코스비 목사님께서 개척한 교회이다. 성도는 150여명에 불과하지만 미국을 움직이는 교회라고 한다. 이 교회는 인간의 성취욕은 배제하고 오직 하나님의 얼굴만 부각하는 진정한 교회의 모습을 보여주고 있다. 예수 그리스도의 영성 추구와 섬김 사역의 두 축이 작지만 이 교회를 강하게 하는 원동력이다. 더욱 놀라운 것은 150여명의 성도가 미국 빈민 사역에 연간 1000만 달러를 투자하고 있다고 한다.

나는 세이비어 교회가 단지 다른 나라에만 있는 꿈같은 이야기가 아니라는 것을 안다. 지금 우리 교회에서도 100여명의 성도가 한국의 세이비어 교회와 같은 역할을 하기 위해 비상하고 있다. 내적으로는 성도 한 사람 한 사람이 하나님의 형상을 회복하기 위해 말씀과 기도로 영, 혼, 육의 전인적인 건강을 지키고 있으며 외적으로는 이 지역 더 나아가 인천→한국→세계에 영향력을 줄 수 있는 지저스 타운(Jesus Town)을 꿈꾸며 하나하나 만들어 나가고 있다.

우리 교회를 찾은 어느 권사님이 주님 안에서 영혼의 소생을 맛본 뒤, 자신의 귀한 옥합을 깨뜨려 은혜의 집(베데스다 상담센터 겸 쉼터)을 설립한 것을 계기로 갈 곳 없는 노인들을 위한 자비의 집, 사랑의 집, 성령의 집 등 세상을 위해 섬길 수 있는 지저스 타운(Jesus Town)이 세워지길 바라고 기도하고 있다.

내 상황과 여건을 바라보는 것이 아니라 주님이 주신 꿈과 비전을 붙잡고 나아가는 미래를 품은 우리 성도들이있기에 오늘도 가나안을 정복하기 위해 힘차게 발을 내딛는다.

사랑하는 시도인이여!

아름다운 세상을 만듭시다

1. 정직과 진실이 담긴 믿음의 사람이 됩시다.
2. 욕심을 버리고 비전을 키우는 사람이 됩시다.
3. 긍정적인 사람이 됩시다.
4. 자랑보다 칭찬하기를 좋아하는 사람이 됩시다.
5. 부모님, 어르신을 존경하는 사람이 됩시다.
6. 윤리, 도덕 ,질서를 잘 지키는 사람이 됩시다.
7. 용서하고 용서받을 줄 아는 사람이 됩시다.
8. 양보와 배려하는 사람이 됩시다.
9. 나를 낮추고 남을 높이는 사람이 됩시다.
10. 시도인의 긍지를 인격과 신앙으로 높입시다.

〈은혜의 집 내부에 있는 글귀로 사랑하는 우리 성도들이 세상을 향해 이런 사람이 되길 바라는 마음으로 적은 것이다〉

주님 제가 하지요

"… 예수께서 제자들에게 이르시되 아무든지 나를 따라오려거든 자기를 부인하고 자기 십자가를 지고 나를 좇을 것이니라"(마 16:24)

성령이 동하는 연못, 베데스다

'베데스다' 라는 말은 요한복음 5장에 나오는 연못의 이름이다. 그 연못 주위에는 많은 병자들이 있었고 가끔 천사가 내려와 물을 동하게 만들 때에 먼저 그 연못에 들어가는 자는 어떤 병에 걸리든지 모두 치유된다는 기적의 연못이다. 38년 된 병자도 나음을 받고자 연못 주변에 오랫동안 머물렀음을 알 수 있다. 천사가 오는 날을 아무도 예측하지 못했기에 그 병자는 항상 대기하며 긴장을 늦추지 않았을 것이다. 그러한 소망이 있었기에 그 자리에서 떠나지 않았고 그는 예수님을 만나 고침을 받았다. 예수님을 만남으로 고통 속에서의 삶이 축복의 삶으로 변화되었다.

베데스다 사역팀의 이름은 이 말씀을 토대로 지어졌다. 기적을 이루어 내는 성령의 도구로 쓰여졌던 베데스다 연못처럼 늘 성령이 동하는 교회라는 의미를 담았고, 그 연못에 있었던 다섯 행각처럼 베데스다 기도팀도 다섯 행각으로부터 출발하게 되었다.

섬기는 자의 일사 각오

베데스다 사역팀은 2004년 5월에 5명의 섬기는 자들로 시작된 것이 지금은 모두 20명이 되었다. 올해 대학에 입학한 학생에서부터 퇴행성 관절염을 앓고 계신 65세의 권사님까지 연령층도 다양하고 직분도 다르지만 기도하는 열정과 섬김, 헌신에 있어서는 모두가 한결같은 모습이다.

2004년에 집필한 『선비목사와 머슴사모』에서도 말했듯이 주님께서는 '남편은 선비 목사이고 나는 머슴 사모'라고 확실한 구분을 지어주셨기에 나는 '주님! 제가 하지요'라는 대답으로 내 자리를 분명히 깨달을 수 있었다. 금식기도원에서 기도하던 중 주님께서는 우리 교회의 섬기는 자들을 중심으로 중보팀을 만드실 것을 계시하셨고, 나의 시노아래 하나님께 영광을 돌리고 목사님의 목회를 행복하게 하기 위한 베데스다 중보팀이 만들어진 것이다.

베데스다 중보팀은 섬기는 자 다섯 행각을 중심으로 구성되어서 지금은 모든 성도에게 문이 열려져 있다. 사모하는 자라면 누구든지 함께 할 수 있다. 단, 다음과 같은 각오가 되어있는 사람만이 함께 할 수 있다. 우리는 이것을 **'사역자의 일사각오'** 라 부른다.

첫째, 섬기는 자
둘째, 가정보다 교회를 더 사랑할 수 있나?
셋째, 자녀보다 목회자를 더 사랑할 수 있나?
넷째, 나의 생명을 주님을 위해 드릴 수 있나?

누군가가 어떻게 그럴 수 있냐고 따져 물었다고 한다. 말이 되는 소리냐며 거세게 항의를 하더란다. 하지만 그저 단어의 뜻에 국한시켜 받아들인 경우에 불과하다.

가정보다 교회를 더 사랑하라고 해서 가정을 버리고 교회 일에만 매달려 살라는 것이 아니다. 자녀보다 목회자를 더 사랑하라고 해서 자녀를 돌보지 말라는 것이 아니다. 하나님이 아브라함에게 이삭을 제물로 바치라고 한 것이 진정 이삭을 원하셨던 것이었을까? 하나님께서는 아브라함의 믿음과 순종을 테스트하셨던 것이다. 우리도 그와 다를 바 없다. 가정보다 교회를, 자녀보다 목회자를 사랑할 수 있는 각오가 된 사람이야 말로 주님을 위해서라면 그 어떤 것도 할 수 있다는 확신과 자신감으로 일사각오를 외칠 수 있다고 생각된다.

마태복음 4장에 보면 갈릴리 바다에서 어부였던 그들이 자신의 모든 소유인 배와 부친까지도 버려두고 예수를 좇았고, 부친을 장사하고 예수를 따르려 했던 제자에게 주님은 "죽은 자들로 저희 죽은 자를 장사하게 하고 너는 나를 좇으라"고 단호하게 말씀하셨다. 일사 각오는 특별한 부르심을 받고 각오한 사람들에게 요구하는 자세이므로 어떤 사람들에게는 거부감이 될 수도 있음을 알고 있으나 오해하지 않길 바란다.

머슴 철학을 가진 자

머슴은 주인을 위해 헌신하는 사람이다. 주님 앞에 섬김의 일꾼이 되겠다고 다심한 사람이라면 머슴 철학을 가져야 만이 자기 몫을 감당할 수 있다.

먼저, 내가 아니면 누가 하나? 라는 마음을 가져야 한다. '내가 안하면 누군가 하겠지...' '왜 꼭 내가 해야하나...' 등의 생각은 머슴이 가져야 할 마음가짐이 아니다. 머슴은 주인에게 보상을 바라고 일하지 않는다. 자기 자신이 주인에게 속한 소유물이기 때문에 주인을 위해 목숨바쳐 일함이 당연하다고 여길 뿐이다. 섬기는 자는 주님께 속한 머슴임을 한순간도 잊어서는 안 될 것이다.

또한, 여기서 못하면 어디서 할 수 있나? 의 마음가짐이다. 머슴은 일할 장소를 자기가 정하지 않는다. 주인이 정해주는데로 순종 할 뿐이다. 자기가 속해 있는 교회에서 주연은 주님이시고, 나는 주연을 빛나게 하는 조연일 뿐이라는 겸손함으로 충성해야함이 머슴의 몫이다.

또 한가지를 든다면 지금 아니면 언제 하나? 의 마음가짐이다. 지금은 살기 힘들어서 못하고, 몸이 아파 못하고 , 바빠서 못한다는 핑계와 변명은 자기를 병들게 할 뿐이다. 머슴의 목숨은 주인에게 달려 있듯이 우리의 생명은 주님께 달려있다. "...어리석은 자여 오늘 밤에 네 영혼을 도로 찾으리니..." 어리석은 부자농부를 책망하셨던 말씀처럼 오늘 밤에라도 생명을 거두어 가실 수 있는 분이 주님이시기에 나중에 하겠다는 어리석음을 범하지 않았으면 하는 바람이다.

믿음으로 인격이 훈련된 자

"세상과의 경계목적은 청결한 마음과 선한 양심과 거짓없는 믿음으로 하나님의 사랑을 완성시키기 위함이라"(딤전 1:5)

섬김은 그야말로 인격의 훈련이 뒤따르는 자에게 주시는 은사이다. 은사는 아무에게나 주시는 것이 아니다. 그릇이 준비된 자, 나보다 남을 낫게 여기며, 그 영혼을 긍휼히 여겨 영혼을 돌보는데 사용되어지고 그로 인해 하나님의 영광을 드러내도록 허락하신 성령의 도구라 여기는 자에게 주시는 것이다.

그렇기 때문에 섬김의 사람은 반드시 믿음으로 인격이 훈련되어야 만이 하나님께서 원하시는 온전한 섬김의 자격을 갖추게 된다.

나는 이제 '섬김' 하면 우리 다섯 행각을 떠올리게 되었다. 아니, 그들을 빼놓고서는 섬김을 이야기 할 수 없게 되었다. 그들이 더 없이 소중함은 그들의 섬김이 '믿음의 인격' 이라는 그릇에 담겨진 섬김인 까닭이다. 시기, 질투하던 마음은 배려와 격려로, 남의 허물을 밝히기 보다는 칭찬으로 그들의 삶은 변화되었다. 그들이 그릇이 준비되었기에 하나님께서도 중보팀의 중심멤버로 이루셨고 나 또한 그들을 내 몸의 지체들로 인식하게 되었다. 성도들 가정에 어려운 일이 닥치면 가장 먼저 달려가는 그들. 자기 몸이 부서지도록 봉사하면서도 모든 공로를 하나님께 영광, 목회자의 공로로 돌리는 우리 다섯 행각들!

그들은 기도로서 자기 자신을 늘 가지치기 할 줄 아는 이들이다. 기도함으로 나의 약함을 인정하고 그 부분을 성령의 도우심으로 채워나감으로 능력의 사람이 되어간다. 하나님께서 가장 우선으로 여기는 사람은 기도하는 사람이다. 기도하는 자만이 하나님과의 친밀함을 회복할 수 있고 하나님의 마음을 가장 깊이 알 수 있는 사람이기 때문이다. 기도의 깊이를 맛보는 자가 곧 승리자이다. 기도를 통해 자기 자신을 세워가는 자, 그가 바로 진정한 인격자인 것이다.

또한 훈련의 결과를 표정으로 담아내는 성숙함도 갖췄다. 표정이 살아있음은 성숙한 인격에서 배출되는 최상의 서비스이다. 그만큼 표정은 중요한 인격의 명함이다. 종이로 주고받는 명함이 아닌 표정이 명함이 된 당신들이 있어 행복하다.

나는 오늘도 진심으로 고백한다.

'내게 돌아올 상급이 있다면 그것은 모두 당신들의 몫이라고…'

주님! 나를 쓰시옵소서.

"그러므로 누구든지 이런 것에서 자기를 깨끗하게 하면 귀히 쓰는 그릇이 되어 거룩하고 주인의 쓰심에 합당하며 모든 선한 일에 예비함이 되리라"(딤후 2:21)

겸손, 가장 값진 열매

당신은 교회의 자랑거리가 됩니까?

믿음으로 구원받아 하나님의 자녀된 자는 많지만 하나님의 기쁨이요 자랑거리가 되는 성도는 얼마나 될까? 하나님을 기쁘시게 하는 자는 주께서 베푸신 은혜에 대한 보답으로 범사에 감사로 삶을 대신한다. 그 사랑을 빚으로 알고 이웃 사랑에 실천하고자 애쓰며 모든 영광을 하나님께 돌리고자 하는 겸손의 사람이다.

에덴 동산의 하와는 하나님처럼 되고자 하는 욕심 때문에 죄를 지었다. 죄의 근본은 욕심이요 욕심은 교만의 씨앗이다. 심령 속의 욕심과 교만의 뿌리가 제거되지 않으면 육체의 열매로 인해 성령을 거역하여 그의 열매인 음행과 호색과 분쟁, 시기, 분냄, 술취함, 방탕함 등으로 하나님께 자랑거리는커녕 걱정거리요 하나님께 슬픔의 대상이 된다.

예수님도 세례 요한에게 세례를 받는 겸손함을 보이실 때 "너는 나의 기쁨이요 나의 자랑이라"는 하나님의 마음을 흐뭇하게 하셨다. 겸손 그것은 성령의 9가지 열매를 맺게 하는 힘 있는 뿌리요 에너지다. 겸손은 성령의 열매를 맺기 위한 토양이다. 겸손한 사람의 청지기 정신은 세상적 책임 의식과는 사뭇 다르다. 생명을 나눌수 있는 감정적 지원을 아끼지 않는다. 형식적인 것이 아니라 더 아파하고 더 기뻐하고 진정한 깊이 있는 나눔을 교제하게 된다. 감정적 지원 없는 경제적 지원, 전략적 지원, 사회적 지원은 상황에 따라 변질 될 수 있다.

목회자에게도 힘이 되고 위로가 되는 사람이 있다면 감정적 지원 곧 마음이 통하여 목자의 심정을 헤아리는 성도다. 하나님의 관점에서 넓은 견해로 상대를 깊이 이해하는 수준은 겸손의 뿌리가 믿음의 토양으로 내려졌을 때 나타나는 인격의 열매다. 겸손은 죄에 대해 정직하다. 죄에 대한 고백을 선택한다. 죄를 부끄러워하지 않는다. 벼이삭 정신으로 먼저 죄를 고백할 때 회복은 성장을 품고 기다리고 있다.

거룩으로 자라는 비결

"누구든지 이런 것에서 자기를 깨끗하게 하면 귀히 쓰는 그릇이 되어 거룩하고 주인의 쓰심에 합당하며 모든 선한 일에 예비함이 되리라" (딤후 2:21)

세계의 대 문호들이나 음악가, 과학자, 세계의 경제를 좌지우지 할 만한 부호들...이들의 삶을 알고보면 대부분이 처음부터 천재의 기질을 갖고 출발한 사람이 드물다. 그러나 그들의 공통점은 자기 현실에 안주하지 않았다는 것이 보통 사림, 평범힌 사람괴의 다름이다.

내게 주어진 운명이라 할지라도 그 운명과 싸워서 평범함을 뛰어 넘겠다는 당찬 결심과 결단력이 탁월한 사람으로 가는 첫걸음이다. 하지만 사람의 의지는 쉽게 무너질 수 있으며 지탱할 힘이 약하다. 그러나 쉽게 갈수 있는 길이 분명히있다. 바로 하나님의 손에 붙잡혀 그분의 절대적 지지를 받는일이다. 이것이 곧 믿음이요 신앙이다. **하나님은 보통 사람을 훈련시켜서 당신의 탁월한 일꾼으로 쓰신다.**

강 권사는 바로 그런 사람 중 한 분이다. 강 권사는 주님을 영접한 순간부터 뜨거운 사람이였다고 한다. 이미 결혼 선 너서도 소야리에 있는 소야교회를 섬길 당시 성령의 역사가 그녀를 통해 나타났다고 한다. 그리고 그녀는 결혼을 해서 이 섬으로 오게 되었다. 물세례, 성령세례까지 받으며 뒤늦게 뜨거운 신앙생활을 했지만 열정만 가득했지 성경에 대한 올바른 지식과 은사를 통한 질서를 훈련받을 기회가 없었다. 그녀에게 주려는 하나님의 선물들은 많았지만 그 선물들을 제대로 활용할 수 있는 지혜와 능력이 부족했다. 그녀에게는 자신의 신앙의 열정과 은사를 계발시켜 줄 지도자가 필요했다.

결국 많은 훈련과 지도 끝에 지금은 우리 교회의 평신도 사역자의 선두주자로 자신의 은사를 찾아 헌신하고 있다. 강 권사가 목회자가 믿고 맡길 수 있는 든든한 사역자로 설 수 있었던 데에는 목회자에 대한 절대적 신뢰감을 가지고 고된 훈련을 믿고 따라왔기 때문이다.

그 분이 부르실 때 거절하지 말아야 한다. 당신의 인생이 바뀔 수 있는 절호의 기회이기 때문이다. 아브라함이 그 기회를 결코 놓치지 않고 순종했듯이 두려워 말고 의심치 말고 아~멘으로 순종할 때 평범에서 탁월로 전환되는 축복이 있게 된다.

거목이 아닌 잡목이나 폐목이 되는 것은 나 자신에게 달려 있다. 내가 얼마만큼 전적으로 하나님께 올인(all in)하느냐에 따라 거목이 되느냐 잡목이 되느냐가 결정된다. 모두가 거목이 된다면 가장 바람직한 일이겠지만 잡목이 있어야 거목이 존재하는 상대성도 있다. 그러나 거목이 되어 영광을 돌림이 잡목이 되어 영광을 돌림보다 더 값지지 않을까?

훈련의 용광로(고난)

"나의 가는 길을 오직 그가 아시나니 그가 나를 단련하신 후에는 내가 정금같이 나오리라"(욥 23:10)

우리가 섬김을 결단하고 하나님께 나를 드려도 삶 속에서 불어오는 크고 작은 고난을 견디지 못하고 이겨내지 못한다면 하나님께 자랑거리가 되지 못한다. 성경의 인물 중에 고난하면 제일 먼저 떠오르는 사람이 욥이다. 욥은 하나님께서 사단에게 자신있게 내어놓았던 사람이다. 그 점이 나로 하여금 도전을 받게 한다. 어떻게 살았으면 하나님께서 사단에게 자랑하는 사람이었을까?

우리 성도들 가운데도 욥을 생각나게 하는 가정이 있다. 그들을 생각하면 정말 자다가도 가슴이 아파 눈물을 흘리게 된다. 브리스길라와 아굴라 부부처럼 자신의 모든 것, 목숨까지도 내어놓고 섬기는 부부다. 부부가 사역팀의 멤버로 훈련하고 있지만 그들에게는 크고 작은 많은 고난이 있었다. 사업이 망하고 그로인해 가정살림이 기울고 작은 보금자리마저 남에게 넘어가는 그야말로 고난의 연속이었다. 세상에 남겨진 것은 오직 가족 구성원 4명뿐이었다.

그러나 그들은 욥과 같이 하나님을 원망하지 않았고 고난을 불평하지 않았다. 오직 세워주신 목회자를 통해 주시는 말씀으로 위로받고 다시 일어나 소생하는 증인의 삶을 보여주고 있다. 먼저, 4식구 각자에게 인격적인 훈련을 요구하셨고, 그 다음은 가정예배를 통해 하나의 띠로 묶으셔서 가정적으로 본이 되게 하셨다. 어려움 속에서도 최선을 다하여 섬기는 그들의 섬김은 목사님과 나를 충분히 감동시켰고, 아내인 아가페 사랑은 "이스라엘 중에서도 이만한 믿음은 만나보지 못하였노라"(눅 7:9)라고 칭찬했던 백부장과 같은 믿음을 가진 사람으로 더욱 더 성전중심, 목자중심으로 든든하게 서가고 있다. 이제 그들은 비상한다. 남아 있는 것이 없기에 이 땅에 미련도 없다고 고백하며 오직 주의 뜻을 좇는 가정이 되기 위해 오늘도 모여 예배하는 그 가정에게 주님은 훈련의 용광로 대신 천국의 집을 예비하실 것이라 확신한다.

고난은 하나님께서 나에게 기회를 주심이라고 여기는 자만이 유익이 되는 것이다. 하나님께서 나를 인정하시고 마음대로 쓰시기에 불편함이 없으시도록 '훈련의 용광로' 인 고난 속에서 단련해야 한다. 훈련의 용광로에 죄와 옛 습관을 태움으로 새롭게 변화되고, 믿음은 더 깨끗한 믿음으로 단련시켜서 내 생각, 이기심, 안목의 정욕 등 불순물로 오염되어있던 믿음을 고난 속에서 재정비하는 것이다.

그렇다면 하나님께서 우리에게 고난을 통해서 주시고자 하는 메시지는 무엇일까?

- 인생의 방향을 제시하신다.
- 우리를 관찰 하신다(믿음의 분량을 측정).
- 우리를 교정하신다.
- 하나님께서 우리를 보호하심을 알게 하신다.
- 비전을 제시해 주신다.

바로 이것이다. 우리가 훈련의 용광로 속에서 견디고 나오기를 지켜보시면서 하나님께서는 이미 우리를 향한 축복을 준비하고 계신다. 한 치의 오차도 없는 세밀한 계획하심 속에서 말이다. 고난은 축복으로 가기 위해 꼭 거쳐야 하는 통로임을 기억하자.

나의 정체성 (부활인의 신앙)

"나는 부활이요 생명이니 나를 믿는 자는 죽어도 살겠고
무릇 살아서 나를 믿는 자는 영원히 죽지 아니하리니"(요 11:25-56)

기독인의 최대 축복은 예수님의 부활 사건이다. 예수님은 자신을 소개하실 때 이렇게 말씀하셨다. "나는 부활이요 생명이다"(요 11:25). 그 분은 분명히 나의 구주이시다. 능력 있는 부모님이 자식에게 힘이 되는 것처럼 사망의 모든 권세를 이기고 부활하신 주님은 그를 믿는 모든 자들에게 힘이요 능력이시다. 그는 우리를 멸망에서 건지셨고 저주에서 풀어 주셨으며 패배와 절망을 딛고 희망의 나라를 소망하게 하셨다. 우리는 더이상 죄의 종이 아니다. 분명히 죄를 다스리고 정복하여 더 이상 근심하거나 두려워하지 않을 것이다. "지금은 너희가 근심하나 내가 다시 너희를 보리니 너희 마음이 기쁠 것이요 너희 기쁨을 빼앗을 자가 없느니라"(요 16:22)

그리스도인들이 이 은혜 속에 늘 감사를 잊지 않는다면 자신의 나약함과 자신을 향한 하나님의 뜻을 분명히 찾게 될 것이다. 행복과 기쁨은 누가 만들어 주는 것이 아니다. 자신의 가치 있는 일, 보람을 느끼는 삶을 통해서 얻어지는 선물이다. 구원받은 자 곧 부활인의 신앙적 매력은 영혼에서 솟아나는 사랑을 안고 행하는 사람이다. 육적인 사랑, 정신적인 사랑을 초월한 영혼에서 솟아나는 목숨을 투자한 사랑 곧 그 사랑은 예수님께서 우리에게 보여주신 사랑이다. 부활신앙을 가진 자는 변하지 않는 기쁨을 갖고 있으며 그 무엇으로도 빼앗길수 없는 평안을 갖고 있다.

이렇게 강한 내성이 있기에 그들의 라이프 스타일(Life Style)은 사뭇 아름답다. 사회생활에서도 참아주기 힘든 사람을 용서하고 내가 손해보고 위험에 처한다 할지라도 친절히 다른 사람을 섬겨 줄줄 알며 나를 능하게 하신 그리스도가 분명히 선하게 만드셨음을 믿고 하나님께는 충성을 다하고 이웃에게는 자비와 양선을 행하는 참으로 믿음이 가득찬 신실한 사람이다. 하나님을 향한 충성은 온유함과 자기생활에 대한 절제가 없으면 흉내도 낼 수가 없다. 충성이란 착함과 신실함이 밀착된 행동이다. 소인은 크고 특별한 일에만 충성한다. 위인은 평범한 것에도 충성한다. 성자는 작은 것에 크게 충성한다. 충성의 반대는 반역이 아니라 바로 게으름이다.

성경은 분명히 악한 성품은 게으름과 관련됨을 말씀하신다. "이 게으르고 악한 종아" 게으름이 육체의 무기력함으로 찾아오기까지 근본적으로 영적인 문제가 있다. 영적으로 하나님의 사랑을 망각했고 예수님의 십자가의 은혜를 망각했기 때문이다. 그렇다보니 정신적인 세계에서도 하나님의 뜻을 찾기보다는 자기 생각, 자기 시각, 자기 감정에 사로잡혀 육체적인 무기력증으로 의욕이 상실되고 기쁨을 빼앗기게 된다. 적은 일은 언제나 내 곁에 있으며 내게 맡겨진 일이다. 그 일을 어떻게 하느냐를 보면 그 사람의 인격됨과 신앙적 색깔을 알 수 있다.

부활인의 신앙은 내 모든 소유의 주인이 주님이심을 고백한다. 시간, 건강, 재능, 물질, 명예, 자식까지도 내 것이 아니라 주인이신 하나님 것임을 고백하는 사람이다.

나는 시도교회의 퍼즐 조각이다

"근심하는 자 같으나 항상 기뻐하고 가난한 자 같으나 많은 사람을 부요하게 하고 아무것도 없는 것 같으나 모든 것을 가진 자로다" (고후 6:10)

가끔 대형교회 목사님들이 믿음도 좋고 물질도 많은 성도들을 자랑할 때면 부러운 생각이 들 때가 있다. 얼마 전 우리 교회 부흥회를 오신 목사님의 설교를 듣고 있자니 주님께 하소연 하고 싶은 마음이 들었다. '주님! 우리 교회 성도들은 믿음이 아주 좋으면 생활에 있어서 어려움이 있고, 물질이 넉넉한 사람은 믿음이 적고.. 너무나 안타깝네요"라고 기도를 드린 적이 있다. 그랬더니 주님은 내 앞에 퍼즐을 펼쳐 보이셨다. 너무도 신기하여 "주님! 이게 무엇인가요?" 라고 물으니 주님은 너희 교회는 미래를 품은 교회라는 말씀과 함께 우리 성도들은 퍼즐 조각이라고 하셨다.

작품을 완성하는데 있어 퍼즐 조각이 하나라도 없으면 그 작품은 완성할 수 없다. 또한 퍼즐 조각은 다 있지만 있어야 할 자리에 없다면 그 작품이 어떤 작품인지 알 수 없다. 우리 교회를 빛나게 하기 위해서는 모든 성도가 다 자신만의 퍼즐 조각이 되어야 한다. 그리고 그 퍼즐 조각이 제자리에 있을 수 있도록 하는 것이 바로 목회자가 해야 할 사명이다. 목회자는 지혜와 능력으로 성도들이 일할 수 있는 자리를 찾아주어야 한다. 그러하기에 더 귀한 성도도 없고, 덜 귀한 성도도 없는 것이다.

우리 성도 가운데 정신적으로는 정상적인 생활을 할 수 없지만 몸은 건강해서 날마다 교회를 청소하는 집사가 있다. 아무도 없이 혼자 살면서도 표정은 늘 해맑다. 밤이 되면 온 동네 가로등을 전부 켜주고, 교회계단 청소를 도맡아 하며, 목사님이 키우는 강아지 밥도 꼬박꼬박 챙겨 준다. 보이지 않는 곳에 닿은 손길이기에 너무 귀하다. 한동안 몸이 아파서 인천에 있는 친척집에 머문 적이 있는데 예배 때마다 그 집사의 빈자리가 내 맘을 허전하게 했다. 퍼즐의 한 조각이 비워졌기 때문이다. 목회자는 성도들이 무엇을 해주어서가 아니라 교회라는 공동체에서 자기 자리에서 빛을 비추어 주는 것으로 기쁨을 얻는다. 교회를 대표해서 일하는 성도가 있는가 하면 그 집사처럼 보이지 않는 곳에서 자기 역할에 최선을 다해 주는 성도들이 있기에 우리 교회는 하나님께서 만들어 가시는 아름다운 작품인 것이다.

자기 관리 시스템

"하늘로서 소리가 나기를 너는 내 사랑하는 아들이라
내가 너를 기뻐하노라 하시니라"(막 1:11)

삶의 목적을 아는 사람은 삶의 의미를 부여하며 살기 때문에 하루 하루가 소중하고 시간을 죽이는 삶이 아니라 시간을 활용하며 자신감 있게 장식한다. 신앙 생활이 피곤하고 힘든 것은 아직 가면 놀이에서 벗어나지 못했기 때문이다. 내면의 변화가 아닌 외형만 크리스천이요 위선과 가식으로 가면을 쓰고 있기 때문이다.

하나님을 알고 예수님을 만나면 제일 먼저 자신을 찾게 된다. 자신이 죄인인 것과 용서받아 은총을 입은 자임을 깨달을 때 삶의 의미를 찾게 된다. 자신을 찾지 못하는 자는 자신의 인생을 남으로 살아간다. 신앙 생활도 다른 사람 때문에 다른 사람 이름으로 하려하니 힘들고 짜증날수밖에 없다. 예수님을 영접했다면 이젠 남으로 살지 말고 자기 자신의 이름을 걸고 자신으로 살아갈 때 인격은 변하여 생활 속에 빛으로 드러난다.

그러면 남이 아닌 자기 자신으로서의 삶을 살고 생활신앙과 인격신앙을 겸비하기 위한 노력의 방법으로 자기 관리 시스템을 몇 가지 소개하고자 한다.

- 좋은 생각을 심자 (긍정)

긍정직임은 한미디로 주님이 주시는 평안을 얻은 자가 소유할 수 있는 인격이다. 우리의 머리로는 수없이 되뇌는 문장이지만, 실천하기에 쉽지 않은 말이다. 부정적인 생각을 심으면 근심과 불안, 두려움이 끊이지 않기에 자칫 자기 자신에게 큰 해를 미치게 되는 일이 생길 수도 있다. 매사에 긍정적인 사람을 보면 생활의 리듬이 바뀐다. 느낌이 좋은 사람이란 바로 긍정적인 사람을 말함이다.

- 허탄한 말을 금하자 (은혜)

매사에 불평을 하는 사람을 보면 절대로 은혜의 말을 하지 않는다. 또한 농담을 하더라도 저속한 농담, 음담패설에 가까운 말들을 늘어놓는다. 우리 그리스도인들은 말부터 바꿔야 한다. 은혜로운 말, 격려하는 말, 칭찬하는 말로 바꿀 때 감사가 넘치는 입술로 변화되기 때문이다.

- 매혹적인 입술을 갖고 싶으면 친절한 말을 해라.
- 사랑스러운 눈을 갖고 싶으면 장점을 발견해라.
- 날씬한 몸매를 갖고 싶으면 당신의 음식을 배고픈 사람들에게 나누어 주어라.
- 아름다운 머리카락을 갖고 싶으면 다른 사람들로 하여금 당신을 칭찬하게 해라.

– 좋은 성품을 행동으로 심어라 (의지력)

좋은 생각과 은혜의 말, 그리고 좋은 성품 곧 의지력을 말함이다. 하나님께서 아무리 좋은 사명과 비전을 주셨어도 자기 자신이 그것을 이루어 나가고자 하는 의지가 없다면 아무 소용이 없다. 인내의 하나님이시지만 본인의 의지가 없다면 언제라도 나를 향하신 사명의 촛대가 옮겨갈 수 있음을 기억해야 한다.

목숨 걸 사명을 발견하라

"우리가 살아도 주를 위하여 살고 죽어도 주를 위하여 죽나니 그러므로 사나 죽으나 우리가 주의 것이로다"(롬 14:8)

인터넷 게임에 중독된 한 형제가 있었다. 그는 자나 깨나 컴퓨터를 붙들고 살았다. 하물며 식사시간에도 컴퓨터 앞에서 밥을 먹는다고 했다. 그에게 있어서 사는 이유는 게임이였다. 비단 이 형제만의 이야기는 아닌 듯 싶다. 우리의 삶을 들여다보면 종류는 다르지만 한 가지 이상의 것에 빠져 중독된 삶을 사는 것을 보게 된다.

우리가 무엇인가에 중독되는 데에는 허한 마음을 채우려고 잘못된 것을 좇다가 생기는 경우가 많다. 일중독, 술, 담배, 마약, 섹스, 도박, 오락, 쇼핑 등의 중독은 굶주린 마음의 상처들이 잘못 처리된 결과물이다. 중독에 걸리면 다음과 같은 상황에도 끊지 못한다.

첫째, 몸이 피곤하고 건강을 해쳐도 계속한다.

둘째, 죄책감을 느끼면서도 멈추지 못한다.

셋째, 가족이나 주변 사람들과의 관계가 망가진다 해도 계속한다.

넷째, 머릿속에 그것에 대한 생각이 떠나지 않아 호시탐탐 기회만 노린다.

다섯째, 그것을 할 수 없는 상황이 되면 심심하고 불안하며 안정감을 잃어버린다.

여섯째, 잠깐 동안 의지로 끊는 것 같으나 곧 스스로 그런 상황을 찾아가 거기에 빠져든다.

여러분은 무엇에 중독되어 목숨을 걸며 사는가? 돈? 명예? 성공? 그리스도인이라면 사명에 목숨을 걸 수 있어야 한다. 나의 굶주린 마음에 하나님의 사랑과 예수님의 은혜로 채우고 사명을 발견해야 한다. 나는 우연히 태어난 존재가 아니다. 나는 이 땅에 사명을 안고 태어났다. 하나님께서는 아무 이유와 목적 없이 당신을 만들지 않으셨다. 다만 내가 그 사명을 못 찾았을 뿐이다. 사명을 깨달았을 때 삶의 의미가 생기고 자신의 가치를 더욱 높이게 된다. 귀를 기울여 보아라. 지금도 주님은 나를 부르시고 찾고 계신다. 그리고 그 부르심에 기쁘게 화답해라. "주님 제가 여기 있습니다".

사명자는 결코 죽지 않는다

섬에서 목회를 하다보니 노인분들이 많다. 그들은 꿈과 비전 없이 다만 언제 하나님이 데려가시려나 하고 죽는 날을 손꼽아 기다리는 모습에서 안타까운 마음이 많이 든다. 살 날보다 죽는 날이 가까운 그들에게서 조차 사명이 있음을 우리는 알아야 한다. 그래서 목사님과 나는 계속해서 사명을 심어 주고 교회에서 그분들의 자리를 분명히 해주는데 힘쓰고 있다.

그 중에 최 권사님은 우리에게 많은 힘과 위로가 되시는 분이다. 하늘로 향해야 할 머리는 두 다리와 함께 땅을 바라보고 있지만 제단에서 주무시며 기도하시는 일에 목숨을 걸고 사신다. 우리 권사님이"나는 목사님 대접할 때가 제일 행복해요"라고 말씀하시는 모습에서 이 땅에서는 가난하지만 천국에서 부자임을 느끼게 된다. 멀쩡한 다리로 걸으면 3분이면 족한 거리를 지팡이에 의지해 몇 번이나 쉬기를 반복하시면서도 매일 밤 제단에 엎드려 목회자를 위해 기도하시는 모습에서 우리가 해야 할 사명의 끈을 다시 한 번 조이게 된다.

사명자로 인정받아라

아무리 유능한 사장이라도 직원들과 사람들에게 인정받지 못하면 그 사장은 능력있는 사람이라고 생각하지 않을 것이다. 마찬가지로 우리가 주님의 부르심에 다 응했다고 모든 것이 끝난 걸로 착각하지 말아라. 이제부터가 시작이다. 우리는 하나님께 인정받기 위해 최선을 다해야 한다. 절대적으로 먼저 그분께 인정받아야 한다.

하나님께서는 인정하셨지만 사람들에게는 인정받지 못하는 사람도 있다. 그런 사람들은 믿음과 인격이 병행되지 않은 사람들이다. 기도도 열심히 하고 믿음도 좋다고 소문난 사람이지만 세상 사람들 사이에서 평판이 좋지 않다. 많은 기독교인들이 사람들의 입방아에 오르내리는 것도 이러한 문제 때문이다. 내 인격을 점검해 보아라. 내 믿음만큼 인격이 갖추어져 있는지...

사명자들이 인정받아야 할 또 한 대상이 있으니 바로 사단이다. 사단은 주님만큼이나 나에 대해서 잘 아는 존재이다. 그 녀석은 나보다 나를 더 잘 알기에 나의 약점까지도 꿰뚫고 있다. 예수님도 사단 앞에서 시험을 받으셨다. 40일 금식 기도를 마치고 제일 먼저 나타난 것이 사단이었다. 그러나 주님은 이미 기도와 말씀으로 무장되어 있으셨으니 사단을 무릎 꿇게 하는 것은 당연한 결과였다.

사단은 지금도 우는 사자와 같이 삼킬 자를 두루 찾아다니고 있다. 목회자라고 예외일까? 아니다. 오히려 가장 타겟(target)이 되는 사람이 목회자이다. 사단은 우리 머리 꼭대기에 있기 때문에 목회자를 넘어뜨리는 것이 성도들을 넘어뜨리는 것이고, 교회를 분열시키는 지름길이라는 것을 너무도 잘 알고 있다. 사단은 우리의 약점을 가지고 밀까부르듯 하지만 주님은 우리의 장점으로 일하시길 원하신다.

우리 교회에서 치유 사역을 하다보니 악한 영에 눌린 자들이 오게 된다. 그들이 그렇게 된 이유가 특별한 것이 아니다. 바로 사단에게 졌기 때문이다. 사단이 내 약점을 가지고 뒤흔들었을 때 그 주도권을 사단에게 넘겨주었기에 그렇게 고통받고 있는 것이다. 그것은 우리도 예외가 아니다. 늘 깨어서 기도하고, 일어섰을 때 넘어질까 주의해야 하는 이유가 여기에 있다.

우리가 하나님께 인정받고, 세상 사람들에게 인정받고, 사단에게까지 인정받았다면 세상이 감당할 수 없는 사명자가 될 것이다.

죽기까지 어디든 따르오리

누가복음 9장을 보면, 예수님께서 세 사람을 통해 우리에게 참 제자의 자세를 알려 주신다. '나를 따르라'는 주님의 말씀에 한 사람은 이렇게 말한다. "주여 내가 주를 좇겠나이다마는 나로 먼저 내 가족을 작별케 허락하소서"(눅 9:61). 이런 사람은 주의 일과 세상 일을 병행하고자 하는 사람이다. 우리 주위에서 흔히 볼 수 있는 모습이다. 양쪽 다리를 세상과 교회에 다 놓고, 자신의 편리대로 이리저리 옮기는 사람이 얼마나 많은가? 주님은 오직 그분에게만 최선을 다하길 원하신다.

또 다른 제자의 모습은 이렇다. "나로 먼저 가서 내 부친의 장사를 허락하옵소서"(눅 9:59). 이런 부류는 하나님의 일에 우선순위를 두지 못하는 사람을 말한다. 늘 주의 일이 뒷전이 된다. 열심히 봉사할 마음은 있어도 먼저 자신의 일이 더 소중하다. 손해보는 것을 싫어한다. 희생을 감수하지 못한다. 하지만 주님은 우리의 첫 것을 원하신다. 두 번째는 싫어하신다. 첫 시간인 새벽을 주님 앞에 드리고, 삶의 첫 자리에 늘 주님을 앉히고 첫 열매를 드리는데 있어 소홀히 하지 않는 그리스도인들이 되길 바란다.

지금까지의 목회 그리고 앞으로의 목회에 잊을 수 없는

일이 있다. 2007년도에 권사로 임명받은 우리 교회 권사인데 그는 몇 년 전까지만 해도 성령을 받을까봐 찬송을 부를 때 박수도 크게 치지 못했고, 기도원에 가는 것조차도 두려워했던 그런 사람이었다. 그러나 아내의 사역으로 차츰 변화되기 시작했고 목회자와의 친밀함을 회복하면서 인천에 구성된 속회의 인도자로 충성하는 권사가 되었다. 올해 권사로 임명받고 처음으로 주일 낮 예배 대표기도 순서를 맡은 부활절 전날에 아버지께서 갑자기 운명하셨다. 집안이 대대로 유교적인 전통을 중요시하고 가족들이 예수님을 영접하지 않았던 터라 마음속으로는 주의 일 우선하기를 원했지만 그 권사께 선뜻 전하지 못하고 있을 때, 그 권사는 아버지 상 중인데도 맡겨진 주의 일을 위해 지방에서 올라와 이 곳 섬까지 한걸음에 달려왔다. 주택 문을 열고 들어오는 권사를 보고 나는 그저 '주여! 감사합니다. 감사합니다. 아버지를 잃은 아들의 슬픔을 주께서 위로하여 주시길 원합니다'. 마음속 깊은 기도로 권사님 부부를 맞았다. 많은 핍박이 따랐고 이해해 주지 못하는 가족들과의 갈등을 짐작할 수 있었기에 그 권사의 결단에 더욱 감사했다. 은혜로이 예배를 마치고 돌아가 그곳에서도 마지막까지 자리를 지키며 가족들을 위로하는 모습에서 달라진 그의 모습에 더욱 가슴이 뜨거워졌다.

목회자의 기쁨은 성도의 성장이다. 성도가 믿음으로 성장하는 모습은 그야말로 어떠한 것에도 비길 수 없는 값진 것이다. 육신의 부모를 초월하고 하나님 아버지께 예배하는 일을 우선시 하는 권사님의 믿음에 우리 성도들은 너나 할 것 없이 큰 은혜를 받았다. "죽은 자들로 자기의 죽은 자들을 장사하게 하고 너는 가서 하나님의 나라를 전파하라 (눅 9:60)"는 말씀대로 준행한 권사님은 이것을 계기로 믿음이 더욱 성장했고 지금까지 버리지 못했던 세상의 미련은 모두 버리고 주님만 따르겠다는 결단과 함께 목사님의 신실한 협력자가 되기 위한 믿음의 훈련을 하고 있다.

영 · 혼 · 육을 헌신하라

세계적으로 유명한 설교가였던 조지 휘필드(George Whitefield)는 "썩어서 죽느니 그리스도를 위하여 닳아서 죽고 싶다"라고 말했다. 다섯 행각 중에 축복의 사람인 김 권사는 이 말씀을 붙잡고 사는 사람이다. 주변의 믿는 자나 믿지 않는 자의 갖은 핍박에도 불구하고 흔들림 없이 믿음을 지켜 오신 분이다. 제단을 쌓는 날이면 늘 시댁의 부엌에서 살림을 도맡아 하지만 얼굴에는 늘 기쁨이 가득하다. 나보다 사택의 살림을 더 잘 아는 김 권사는 "사모님은 요리 못하셔도 돼요. 제가 있잖아요. 그냥 기도만 하세요"라고 말한다. 이곳에 부임한 후 지금까지 우리 부부가 목양일념 할 수 있었던 것도 김 권사의 내조가 큰 몫을 차지한다. 성도들 대부분이 그러하지만 김 권사는 특별히 더 목회자가 행여 불편한게 있을까, 무엇이 부족한가를 늘 세밀히 살피고 채워준다. 본인을 위해서는 티셔츠 한 장 사는 것도 아까워하면서도 목회자를 위해서라면 어떤 어려움을 감수하더라도 강행함이 나로 하여금 눈시울을 젖게 하는 장본인이다.

모세는 애굽의 모든 보화를 버리고 광야생활을 선택했다. "모세는 그리스도를 위하여 받는 능욕을 애굽의 모든 보화보다 더 큰 재물로 여겼으니 이는 상 주심을 바라봄이라"(히 11:26). 그는 편안하고 안락한 왕궁의 생활을 선택하기 보다는 하나님의 뜻을 이루기 위한 길 곧 고난의 길을 택한 것이다. 그러나 그 고난은 하나님과의 새로운 관계의 출발점이었다. 헌신이란 고난의 첫걸음이다. 하지만 그 고난을 통해 우리는 하나님과 친밀해 질 수 있음을 기억하길 바란다.

그렇다면 나는 무엇을 헌신할 것인가? 몸으로 봉사하는 것만을 헌신으로 여기지 말아야 한다. 나는 삼분법이 좋다. 너무 간단하면 아쉽고 길면 지루해지기 때문에 항상 세

가지 표현을 즐긴다. 헌신에도 삼박자가 있다. 우리는 먼저 영을 헌신해야 한다. 영적 헌신이란 바로 말씀과 기도에 투자하는 것을 말한다. 영적인 헌신을 할 때 하나님과의 친밀함은 더욱 빛이 난다. 기도에 모범을 보여주신 주님도 이 땅에 계실 때 땀방울이 피가 되도록 기도하셨는데 지금 우리는 바쁘다는 핑계로 기도하는데 너무 시간을 할애하지 않는다. 베데스다 사역팀에서 훈련받고 있는 성도들은 하루에 3번씩 기도 시간을 정해 놓고 영을 헌신한다. 새벽기도와 저녁 9시 기도는 공통적이지만 나머지 한 번은 자신이 편한 시간을 정해 놓고 기도하고 있다. 그러다 보니 늘 제단에서 기도하는 소리가 끊이지 않는다. 멀리 있어 매일 제단으로 올 수 없는 성도들은 다니엘이 예루살렘을 향해 하루 3번 기도한 모습을 떠올리며 같은 마음으로 기도를 하고 있다. 말씀과 기도의 투자야 말로 가장 기본적이자 필수적인 헌신이다.

영을 헌신한다면 이제 내 혼을 점검해 보자. 혼은 생각과 감정의 영역이다. 나의 멘토나 지도자와 감정적 교감을 나누는 것은 혼의 헌신에 해당한다. 뿐만 아니라 이웃과도 감정적 교류를 나눈다면 이것 또한 혼의 헌신이다. 예수님은 이 세대의 메마른 감정에 대하여 다음과 같이 한탄하셨다. "우리가 너희를 향하여 피리를 불어도 너희가 춤추지 않고 우리가 애곡하여도 너희가 가슴을 치지 아니하였다"(마 11:17). 이런 메마른 감정이라도 사촌이 땅을 사면 배가 아플 정도로 이기적인 것이 우리의 모습이다. 하지만 주님이 원하시는 이웃 사랑은 바로 이런 것이다. "즐거워하는 자들로 함께 즐거워하고 우는 자들로 함께 울라"(롬 12:16).

우리 교회 성도들은 감정적 교류에 있어서 유별나다. 개인의 일뿐 아니라 가정의 사사로운 일 까지도 늘 목회자와 함께 한다. 늘 사택은 개방되어 있다. 손주가 아프다며 기도해 달라고 아이를 안고 밤 11시에 문을 두드려도 사랑스럽다. 그만큼 목회자를 신뢰하고 있다는 증거요, 감정적 교감이 잘 이뤄진다는 증거이기 때문이다. 서로 허물이 없이 투명하다 보니 성도들의 집에 수저가 몇 개 있는 것 까지도 훤하다. 어떤 사람들은 우려의 눈으로 바라본다. 그렇게 사택을 개방하다 보면 목회자의 사생활이 없어진다고 말이다. 그러나 작은 불편이 있을지언정 혈육보다 더 진한 성도들을 어찌 가족으로 생각하지 않을 수 있을까?

몸의 헌신도 간과할 수 없다. 기도는 열심히 하는데 봉사하는 일에 늘 뒷전이라면 덕이 되지 못할 것이다. 나는 영과 혼과 몸의 헌신이 치우침이 없이 잘 되고 있는지 생활 속에서 점검해보며 가자. 그 헌신은 이 땅에서 조금 고달프고 힘이 들 수 있겠지만 하늘 나라에서는 비교할 수 없는 큰 상급으로 주어질 것이다.

나는 어떤 기념비를 세울 것인가?

"저가 영영히 요동치 아니함이여 의인은 영원히 기념하게 되리로다"(시 112:6)

어떤 사람을 생각할 때마다 그 사람의 특정한 행동이나 인격의 모습이 떠오른다. 그것이 그 사람이 평소에 다른 사람에게 비춰진 모습일 것이다. 그럼 하나님께서 나를 보면 무엇이 생각나실까? 어떤 수식어든 하나님께 인정받아야 한다. 저 성도는 이 땅에 있을 동안 목사님 속을 까맣게 태워서 지긋지긋한 ○○○ 성도라고 주님이 생각하시면 얼마나 불행한 일인가? 하나님께도 목회자의 기억에도 좋은 수식어로 기억되는 성도라면 이 땅에서 그들은 축복된 삶을 산 것이다.

많은 성도들과의 만남 속에서도 목회자에게 기억이 남는 성도가 있다면 아마 목회자를 위해서 물, 불을 가리지 않고 싸워주는 성도일 것이다. 우리 교회의 권사 한 분도 목회자를 위해서 이런 마음을 가진 분이 있다. 다혈질적인 성격으로 자신의 감정에 따라 행동하는 세상에 겁날 사람 아무도 없지만 오직 두려워하는 사람이 있으니 바로 목회자이다. 누가 목회자에 대해서 함부로 말하는 사람이 있다면 조금은 거친 방법이지만 결코 가만히 있지 않으신다. 인격적인 방법이 아니라 하더라도 그것이 그분의 목회자에 대한 절대적 사랑이라는 것을 알기에 세상 사람이 아무리 뭐라고 해도 우리는 마음 속 깊이 그 사랑에 감사하며 살고 있다.

목회자의 사랑이 가는 곳에 주님도 함께 시선이 머무는 것은 당연할 것이다. 그래서인지 주님은 그 가정을 믿음으로 온전히 세우시기 위해 기도하는 며느리를 한 알의 밀알로 보내주셨다. 밤낮 울며 온전히 선교사적인 사명을 감당하는 가정이 되기 위해 기도하는 며느리를 보며 아버지의 믿음의 선물이 아닌가 하는 생각을 해본다.

천국 애칭

우리가 시드교회로 부임한 이래 많은 아이들의 이름을 지어주었다. 많이 주면서 살라고 '주리', 주님의 은혜라고 해서 '주은', 모든 이들에게 귀하고 가치 있는 존재가 되라고

'보배', 아름다운 사람으로 자라라고 '아름'이와 '다운'이, 또 주님의 소원을 이루라고 '소원' 등 그 이름을 보면 그 사람에 대한 바람도 알 수 있다.

'호랑이는 죽어서 가죽을 남기고 크리스천은 죽어서 간증을 남긴다'라는 말이 있다. 나도 내가 죽은 뒤 내 비석에 새길 문구를 생각해 보곤 한다. **"주님의 이름으로 평생 다른 이들을 축복했던 사람, 깊은 우물"** 나는 주님의 이름으로 많은 이들에게 축복을 전달해 주는 메신저가 되고 싶다. 이 일을 할 때가 내 평생 가장 행복한 순간이었고, 지금도 그 일을 하면 행복하고 앞으로도 이 일을 통해 행복할 것이다. 내 묘비 앞의 이 글귀를 통해 많은 이들이 나의 삶을 평가할 것이라고 생각하면 부끄럽지 않게 살아야 함을 새삼 깨닫게 된다.

원래 야베스 이름의 뜻은 '수고', '고통'이란 뜻이었다. 그러나 그는 그 이름대로 살아가지 않았다. 그는 자기의 이름대로 살기 원하지 않았다. 그는 하나님께 간구하였고 하나님을 전적으로 의지하였다. 오히려 담대히 믿음의 기도를 하나님께 올림으로써 그 구한 것을 허락까지 받았던 인물이다. 우리도 이런 믿음의 용기가 필요하다. 야베스의 모습을 통해 생각나는 교회의 한 자매가 있다. 이 자매의 삶도 주님을 진정으로 만나기전까지 고통의 연속이었다. 자신을 천하게 생각하고 늘 열등감과 나약함 속에서 살았다. 어린 시절 세상은 그녀에게 너무도 두렵고 무서웠다. 가족과 몇 몇 친한 사람들 외에는 관계를 갖기도 두려워했다. 하지만 기도하는 어머니는 딸을 포기하지 않았다. 주님의 손길이 닿기만 하면 모든 억압에서 풀려날 것이라는 확신이 있었기에 어머니는 늘 희망을 갖고 기도하였다. 아니 오히려 주님이 귀하기 쓰시길 바라며 사무엘을 바친 한나의 심정으로 서원기도까지 드렸다. 결국 어머니의 기도로 그 자매는 모든 걸 내려놓고 지금의 우리 제단을 섬기며 주님을 인격적으로 만나는 성숙한 사역자가 되었다. 이제는 과거의 모든 억압된 자아를 벗어버리고 주님 앞에 사명자로 당당히 살아가고 있다. 어머니의 기도의 젖줄기를 받아먹으며 축복의 그릇을 넓혀가는 자매를 통해 주님 앞에서 내 가치를 높여야 함을 깨닫게 된다. 천하게 태어났다고 좌절해서는 안된다. 주님이 함께 한다면 야베스처럼 여러분도 존귀한 자가 되어 주님의 뇌리 속에 기억될 것이다.

베데스다 사역팀의 사역자들에게도 각자가 추구하는 닉네임이 있다. 우리는 이것을 천국 애칭이라고 부른다. 유혹 많은 세상에서 주님만 바라보라고 주바라기란 애칭을 가진 사람, 성령의 불로 담대히 진리를 위해 싸우라고 해서 불의 사람, 그가 머무는 곳마다 평화를 이루라 해서 평화의 사람, 저주의 자리에서 축복의 자리로 옮긴 은총을 입은 자 등 주님 앞에서 그들은 천국 애칭답게 살아가려고 지금도 훈련하고 있다.

목회자의 든든한 기념비

하나님께 기억되는 사람이라면 당연히 목회자에게도 기억되는 사람일 것이다. 섬 목회만 20년, 3곳의 목회지를 옮기다보니 우리에게도 기억되는 성도들이 열거할 수 없을 정도로 많다. 좋은 감정으로 기억된 성도들도 있고, 목회자의 마음을 아프게 한 성도들도 있었겠지만 그래도 감사한 것은 우리 목회에는 늘 든든한 후원자들이 끊이지 않았다는 점이다. 무엇보다 기도의 후원은 많은 목회자들이 바라고 바라는 점이다. 어느 교회든지 눈물 흘려 기도하는 한 사람이 있다면 그 교회는 결코 죽지 않는다. 기도하는 한 사람이 한 민족보다 강하다. 지금 우리 부부에게도 든든한 기념비가 있다.

김 권사님은 목사님을 위해 기도의 기념비를 세우기로 작정한 올해 65세 되신 할머니이자 사역팀에선 최고령 권사님이다. 김 권사님의 이 땅에서의 삶은 참으로 표현하기 어려울 정도로 고난의 연속이다. 일찍 남편과 헤어져 혼자 4명의 자식을 키워야 했지만 살 길이 막막한 때라 혼자 자식을 감당하기에는 버거웠다. 그래서 어린 자식들을 친척집에 맡기고 생계를 유지하기 위해 발버둥 친 지난 세월이었다. 그러나 자식과 함께 사는 것도 그리 길지 못했다. 갑작스럽게 부모보다 자식들을 2명이나 먼저 보내야 하는 아픔까지 겹쳤다. 정말 이 땅에서의 소망은 없는 것처럼 보여졌다. 처음에 많은 사람들은 이런 권사님을 불쌍히 여기다 못해 저주받은 자처럼 따가운 시선으로 바라보았다.

그러나 권사님은 절망하지 않았다. 모든 것을 자기의 죄라 여기며 남은 일생을 목사님을 위해 기도하며 살기로 작정하셨다. 새벽에도 늘 목사님이 기도를 마치고 나가시기 전까지는 자리를 뜨지 않는다. 권사님의 이 땅에서의 삶은 초라하고 손가락질 받았지만 나는 결단코 의심하지 않는다. 하나님이 권사님을 부르실 그 날에는 그 누구보다 편안하고 아름다운 거처에 머물며 이 땅에서의 아픔을 잊고 인내한 것에 대한 기쁨의 미소를 짓고 계실 것이라는 것을…

또 하나의 기념비가 있으니 나를 위해 기도해 주는 한

권사이다. 목사님에게 기도의 후원자가 있는 것처럼 나에게도 기도의 후원을 아끼지 않는 분이 있으니 감사하다. 양 쪽에서 우리 부부의 목회를 위해 든든한 기둥이 되어 주시는 두 분이 계시기에 더욱 힘이 생긴다. 매주 무명 "하늘 영권으로 세계를 정복하는 목사님이 되게 해 주세요", "우리 사모님! 기적의 사람, 성령 충만한 리더가 되게 해 주세요"라고 예물까지 드리는 두 분같은 분들이 있어 우리가 흔들리지 않고 견고히 설 수 있음에 감사하다.

담임 목사가 행복하면 교회가 부흥되고, 성도의 가정이 행복하다. 하나님을 사랑하는 만큼 하나님이 보내신 주의 종을 위해 기도로 기념비를 세워보자. 분명 그 가정과 교회가 살고 나아가서는 지역이 살 것이다.

존귀한 이름의 사람

다윗은 사울의 뒤를 이어 왕이 되었다. 사울이 처음부터 하나님께 버림받은 것은 아니다. 하나님의 뜻 가운데 사울은 왕으로 기름부음을 받았고 처음에는 순조로운 듯 했다. 그러나 아말렉과의 전쟁에서 결정적인 일이 발생한다.

하나님은 사울에게 향하여 아말렉을 쳐서 그들의 모든 소유를 남기지 말고 진멸하되 남녀와 소아와 젖 먹는 아이와 우양과 약대와 나귀를 죽이라고 명령하셨다. 사울은 그러겠다고 하고 싸움에 임했다. 싸우다 보니 좋은 것까지 죽일 필요는 없겠다는 생각이 들었다. 그래서 사울은 보기에 좋은 것, 기름진 것 등은 남기고 가치 없고 쓸모없는 것들은 모두 진멸하였다. 좋은 것은 하나님께 예배드리기 위함이 그의 변명이었다. 그러나 하나님은 그 즉시 사울의 왕권을 박탈하셨다.

다윗은 어떠한가? 다윗의 충성스런 장군이었던 우리아의 아내 밧세바가 탐이나 우리아를 최전방으로 보내어 결국 죽음으로 몰아넣었다. 또한, 자신의 막강한 군사력을 자랑하고자 인구조사까지 서슴지 않았다. 어찌 보면 하나님을 예배하기 위해 좋은 것을 남겨둔 사울의 죄가 더 약하게 느껴질지 모른다. 오히려 다윗의 행위가 더 악한 것은 아닌지 의구심이 들게 된다.

그러나 이것은 우리의 생각일 뿐 하나님은 달랐다. 사울에게는 너를 왕 세운 것을 후회한다고 말씀하시며 왕이를 빼앗으셨지만 다윗은 저런 행위에도 불구하고 내 마음에 합한 자라 하셨다. 사울과 다윗의 차이점은 큰 것이 아니였다.

둘 다 하나님 앞에 나약한 모습을 드러냈지만 다윗은 하나님께 마음을 오로지 향한 사람이었다. 하나님의 사람 나단이 잘못을 지적하자 곧 하나님 앞에서 자신의 잘못을 바로 깨달아 철저히 회개하였다. 그러나 사울은 변명을 하며 자신을 합리화시켰다.

하나님께 존귀하게 쓰임 받는 사람이 특별히 정해진 것이 아니다. 자신의 부족을 인정하되 주님에게 내 마음의 코드를 올바로 꽂고 성전 중심, 목자 중심, 사명 중심으로 살아간다면 주님께서도 나를 특별한 존재로 기억하실 것이다.

우리 교회 성도들 중에 젊은 집사는 “성전중심, 목자중심, 사명중심”이라는 글귀로 감사헌금을 드리곤 한다. 가만히 생각해보니 그 집사야말로 여러 사역자 중에서도 가장 하나님과 목회자에게 코드를 맞추려고 애쓰는 사람이다. 작은 것 하나까지도 목회자에게 의논하고 자녀교육까지도 목회자의 지도에 따르는 가슴으로 품어 낳은 성도. 하지만 그가 처음부터 그랬던 것은 아니다. 조상대대로 우상을 섬기는 가정에서 자란 그 집사는 조상들의 죄와 부모의 죄를 회개하는 데까지 정말 오랜 시간을 싸워야 했다. 오랜 인고 끝에 하나님은 그 집사가 사역에 합류하여 훈련 중일 때 지도자를 통해서 다윗과 같은 존귀한 사람으로서의 축복을 허락하셨다. 성전중심, 목자중심, 사명중심으로 살아갈 때 낮은 자의 이름을 존귀한 이름으로 바꿔 주신다는 엄청난 축복이었다. 지금은 말씀의 사람으로서 매일 매일 성장하면서 특별한 은사자로 목회자에게 기쁨이 되어주는 모델된 성도로 달려가고 있다. 나 자신이 아직도 제자리 걸음을 하고 있다면 스스로에게 물어보자.

나는 그리스도를 위해 무엇을 했는가?
나는 그리스도를 위해 지금 무엇을 하고 있나?
나는 그리스도를 위해 앞으로 무엇을 할 것인가?

♡ 우리들의 천국애칭 ♡

해 피 맨 – 나는 주님 때문에 행복한 사람입니다.

깊 은 우 물 – 나는 주님의 세미한 감성까지도 전달하는 영혼의 우물입니다.

순교의 사람 – 나는 주님을 위해 죽을 각오가 된 사람입니다.

감 람 나 무 – 나는 목회자에게 감초같은 치료자로 동역자가 될 것입니다.

축복의 사람 – 나는 주님이 나를 축복하신 것처럼 다른 이들에게 축복의 통로가 될 것입니다.

은혜의 사람 – 나는 하나님의 은혜를 입은 자로 살아갈 것입니다.

인내의 사람 – 나는 끝까지 참고 견딜 것입니다.

말씀의 사람 – 나는 하나님의 말씀의 검으로 교회와 목회자를 위해 싸울 것입니다.

아가페 사랑 – 나는 나를 통해 하나님의 사랑을 널리 알릴 것입니다.

불 의 사 람 – 나는 성령의 불로 담대히 진리를 위해 싸울 것입니다.

평화의 사람 – 나는 주님의 이름으로 평화를 이루는 자가 될 것입니다.

섬김의 사람 – 나는 섬기는 장로가 되어 예수님처럼 낮아질 것입니다.

영혼을 품은 꿈과 비전의 사람 – 나는 열방의 영혼을 품고 그들에게 꿈과 비전을 줄 것입니다.

행복의 사람 – 나는 행복한 사람입니다. 과거보다 앞으로가 더 행복할 것입니다.

겨 자 씨 – 나는 작지만 나를 통해 큰 나무가 자라고 풍성한 열매가 맺힐 것입니다.

낙 타 무 릎 – 나는 기도할 것입니다. 내 무릎이 낙타 무릎이 되도록…

은총을 입은 자 – 나는 주님의 은총을 입어 이 자리에 온 사람입니다.

주 바 라 기 – 나는 오직 주님만 바라보며 나아갈 것입니다.

복 된 열 매 – 나는 주님이 쓰시기에 합당한 복된 열매들을 많이 맺을 것입니다.

부 레 옥 잠 – 나는 세상을 깨끗이 하는 청정제 역할을 할 것입니다.

믿음의 장부 – 나는 믿음 안에서 대장부가 될 것입니다.

살 구 나 무 – 나는 아론의 싹 난 지팡이처럼 주의 손에 붙들린 목회자의 자랑 거리가 될 것입니다.

백 향 목 – 나는 주님의 향기를 널리 널리 퍼트릴 것입니다.

순종의 사람 – 나는 주님의 어떤 요구에도 100% 순종하며 살 것입니다.

생 명 나 무 – 나에게는 생명이 있습니다. 나는 계속해서 자라날 것입니다.

꿈을 꾸는 여자 – 나에게는 꿈이 있습니다. 나는 꿈이 있어 행복합니다.

사랑을 품은 남자 – 나에게는 사랑이 넘칩니다. 그 사랑은 주님이 주신 사랑입니다.

예수님의 카리스마 닮기

"그러므로 내가 너희에게 권하노니 너희는 나를 본받는 자 되라"(고전 4:16)

나는 예수님의 샘플

어떤 물건을 살 때 샘플(sample)을 써보고 마음에 안 들면 그 상품을 구매하지 않는다. 사실 샘플 100만개 중 하나가 불량이어도 그것을 본 고객은 100만개 전체를 불량으로 생각한다. 이 점에서 본다면 세상의 많은 그리스도인들이 보편적으로 세상 사람들보다 잘 살아가고 있지만 몇 몇 그리스도인들의 잘못된 삶 때문에 사람들은 모든 그리스도인들이 그런것처럼 아니 하나님마저 예수님, 성령님까지 무시하게 된다. 하나님을 보여주고 살아 계심을 증명할 수 있는 방법은 나의 삶을 통해서 역사하시는 하나님을 보여주는 것뿐이다. "그러므로 내가 너희에게 권하노니 너희는 나를

본받는 자 되라"(고전 4:16)

우리가 제대로 된 샘플 역할을 한다면 세상에 복음은 더욱 깊이 전파될 것이다. 내가 당당하게 예수님의 브랜드(brand) 가치를 높여 드리기 위해서는 품질 관리를 잘 해야 한다. 믿음의 품질 관리 곧 '덕(德)'이 있는 사람이 되어야 한다. 믿음의 덕이란 다른 사람을 섬기는 마음, 세워주고 협력하며 부족함을 은밀히 채워주는 것을 말한다. 그러나 더 중요한 것은 자기관리이다. 성령의 임재, 성령의 다스림과 충만함을 유지함으로 철저한 자기 관리가 있어야 한다. 성령이 충만할 때 정품인 예수님의 브랜드를 높여 드리는 샘플이 될 수 있다.

예수님의 성품

"나는 마음이 온유하고 겸손하니 나의 멍에를 메고 내게 배우라 그러면 너희 마음이 쉼을 얻으리니"(마 11:29) 예수님의 성품을 표현하신 말씀이다. 예수님의 성품을 한마디로 표현해 보면 '온유함' 이다. 다른 말로 표현해 본다면 '부드러운 카리스마' 라고 할까?

우리가 세상을 살면서 착각하기 쉬운 것은 착함과 온유

함이다. 착하다는 것과 온유하다는 것은 비교할 수 없는 레벨(level)의 차이가 있다. 착하다는 것은 말 그대로 마음씨가 곱고 어짐을 말한다. 그래서 자기 주장보다는 다른 사람의 의견에 따르고 다른 이의 마음을 상하게 하는 말은 절대 입밖에 내지 못하는 사람이다. 그러나 온유함은 그야말로 부드러운 카리스마다. 해야 할 말은 하되 부드러움으로 다스릴 줄 아는 지혜의 소유자. 성경 여러 부분에서 예수님의 온유함이 나타나 있다.

40일 금식 후 사단이 시험할 때도 한마디의 말씀으로 물리치시고 예수님을 시험하고자 맞서는 유대인들이나 서기관들을 적절한 말씀으로 물리치셨던 것을 볼 수 있다. 물처럼 부드럽고 온유하셨던 주님은 자신을 위해서는 싸우지 않으셨다. 때리면 맞으시고 오리를 가자하면 십리를 가고 겉옷을 달라하면 속옷을 주셨다. 하지만 사단과 죄악을 결코 용납하지 않으셨던 단호함은 온유함의 성품만이 가능한 일이다.

'온유'라는 말을 떠올릴 때마다 나의 어머니가 생각난다. 하나님 사랑을 지상에 그대로 옮겨 놓은 것이 있다면 어머니 사랑이라고 한다. 그러나 내가 영적으로 성숙하기 전에는 그저 강하고 무서운 어머니라고 여겼었고, 나에게 너무 엄하신 어머니였기에 때론 계모인가 하는 어린아이 같은 생각도 했던 기억이 있다. 하지만 내가 결혼을 하고 목회를 하면서 어머니는 나의 가장 든든한 후원자요 나의 열렬한 팬이라는 사실을 알았다.

당신이 이루지 못한 것을 내가 이룰 수 있도록 기도로 뒷받침해 주시는 나의 어머니.

가슴 가득 사랑을 품고 계시지만, 신앙적인 어긋남에는 한 치의 용서도 없는 단호하신 어머니.

부드러운 표정 속에 내재되어 있는 믿음의 강인함과 생활의 정직함이 묻어 있는 어머니.

어버이 날 찾아뵙지 못해 죄송해 하는 나에게 시를 한 편 써달라고 말씀하시는 세련된 어머니.

장미 나무 같으신 우리 어머니!

지금은 아련한 추억이 되었지만 어린 시절 어머니의 모습은 떠올리기만 해도 장미의 꽃보다는 가시가 크게 보였던 그 엄마가 이젠 모습에서도, 말씀 속에서도 가시보다는 꽃과 향기만 존재하는 것 같은 어머니의 모습이 왜 이렇게 슬픔과 아픔으로 내 가슴에 부딪힐까요? 언젠가는 저 꽃도 시들고 향기도 사라져 우리 곁을 떠날 것 같은 두려움 때문이겠지요...

엄마!

장미꽃이 꽃 중의 꽃이라면 엄마는 자녀들의 삶의 에너지입니다. 좋은 일이 생기면 제일 먼저 생각나는 것은 좋은 일이 있을 때 나보다 더 좋아하시는 그 모습이 너무도 귀하기 때문입니다.

엄마!

늘 외롭게 해 드려서 죄송합니다. 엄마에게는 자식이 전부인데 우리 자녀들은 그렇지 못하는군요. 하지만 서로 주의 거룩한 일에 매여 있음을 감사하게 여기실 줄로 믿어요.

이젠 엄마가 행복해 하시는 것이 자식을 돕는 일입니다. 장미의 가시를 보지 말고 꽃을 보시면 날마다 행복할 수 있을 거예요. 긍정적으로 생각하실 때 혼자서도 외롭지 않고 혼자서도 행복을 느끼고 누릴 줄 알게 됩니다.

엄마가 받은 복을 헤아려 보시면 더욱 행복하실 겁니다.

엄마! 사랑해요. 아주 많이요...

2007. 5. 8. 시도에서 둘째 딸 올림

순종의 모델

"조금 나아가사 얼굴을 땅에 대시고 엎드려 기도하여 가라사대 내 아버지여 만일 할 만하시거든 이 잔을 내게서 지나가게 하옵소서 그러나 나의 원대로 마옵시고 아버지의 원대로 하옵소서 하시고"(마 26:39)

순종은 하나님께 대한 절대 신뢰이다. 성경에서 순종의 모델로 등장하는 노아는 하나님에 대한 절대 신뢰가 있었기에 높은 산 위에 방주를 지었다. 순종에 반드시 동반되는 것이 있다면 오래 참음, 곧 인내이다. 말씀을 이루시고자 할 때 하나님께서는 인내를 테스트 하신다. 인내함으로 견디지 못한 순종은 값진 열매를 맺을 수 없다.

우리 부부가 시도에 오게 된 큰 이유 중 한 가지는 원로 장로님이신 오 장로님의 영향이었다. 우리가 결정짓지 못하고 있을 때 장로님께서 전화를 하셔서 우리 교회로 꼭 오시라고 하는 그 말씀에 배어있는 진실함이 우리 부부의 마음을 움직이게 했다. 오 장로님은 순종의 장로님이시다. 지금은 원로 장로님이시지만, 시무하실 때에 한 번도 목사님의 목회계획에 No(안돼요)라고 대답하신 적이 없다. 늘 긍정적으로 응해주심으로 우리 교회가 분란이 없는 교회, 큰 소리가 나지 않는 모범된 교회가 되는데 큰 역할을 해 주셨다. 심는 대로 거둔다는 진리의 말씀이 있듯이 장로님께서 순종으로 심으신 결과로 자녀들까지도 그 순종을 이어가고자 노력한다. 아들(평화의 사람), 며느리(인내의 사람)가 믿음의 바톤(baton)을 이어 가정의 현관에도 '순종의 집' 이라는 명패가 붙여 있다. 그 명패를 볼 때마다 오 장로님의 순종이 맺은 열매라 여겨져 눈가가 촉촉이 젖는다.

예수님의 절대 순종은 인류를 죄에서 구원하는 엄청난 결과를 가져왔다. 우리가 그 순종을 본받는다면 나로 인해 가정이 변하고 지역이 변하고 사회가 변화되어 영향력 있는 삶이 되는 축복의 통로가 될 것이다. 주님은 지금 이 순간에도 당신이 축복의 통로가 되길 바라고 계심을 잊지 않길 바란다.

사역자의 기본기

"하나님이여 내 속에 정한 마음을 창조하시고
내 안에 정직한 영을 새롭게 하소서"(시 51:10)

모든 운동에는 그 운동만의 기본 기술이 있다. 그것을 기본기라고 부른다. 유도의 기본기는 업어치기고 축구의 기본기는 슈팅, 드리블 등 여러 가지 기술이 있다. 그러면 예수님의 제자로 훈련된 사역자들의 기본기는 무엇일까?

그것은 진실과 정직이다. 사역자로서 진실을 왜곡하지

않는 투명함과 생활 속에서 습관화 되어버린 거짓말을 교정해야 한다. 거짓은 사단의 아비다. 거짓은 나와 하나님과의 관계를 가장 빨리 끊어놓는 방해꾼이다. 우리가 진실과 정직을 지켜가는 방법은 매순간 삼위일체 되시는 하님을 의식하는 것이다. 매사에 나와 함께 하시는 하나님을 의식한다면 진실을 왜곡하지도 스스로를 속이지도 못할 것이다. 하나님은 우리를 가장 잘 아신다. 우리의 고백과 행위를 지켜보실 뿐이다. 예수님의 뒤를 이어 예수님보다 큰 일을 행해야 하는 사역자들은 지도자의 시선에서 떠나지 않길 바란다. 맡겨진 일을 감당하고도 나를 드러내고 나의 능력인양 목을 곧게 세우면 하나님께 인정받지 못하는 불행한 경우가 될 것이다. **진실과 정직 그리고 투명함이야말로 하나님께서 사역자들의 믿음의 분량을 측정하기 위한 잣대로 삼으셨다.**

우리 성도 중 진실하면 떠오르는 권사가 있다. 감람나무처럼 버릴 것이 거의 없는 분, 어느 면에서나 진실한 우 권사는 교회에서나 목회자에게 감초역할을 톡톡히 하고 있다. 함께 있으면 없는 것처럼 자신을 드러내기보다 다른 사람들을 더 돋보이게 하지만 없다면 그 빈자리가 더욱 큰 그런 권사이다. 진실한 사람은 가까이 하고 싶은 자석같은 끌림이 있는 것처럼 늘 우 권사는 목회자가 어디를 갈 때 함께 동행하고픈 사람이다. 우상이 가득한 가정에서 자라났지만 주님 앞에서 진실하고 정직하게 믿음을 지켜온 모습에서 거룩함이 더욱 느껴진다. 오늘도 우 권사는 거룩한 소원을 품고 주님께 기도를 드린다. 나 또한 그 진실에서 우러나오는 간절한 소원이 이루어지길 바란다.

권사 한 분을 들어 진실을 이야기 했지만 하나님을 믿는 우리들, 예수님을 따르는 사역을 감당하는 사람들 모두가 진실과 정직으로 무장하여야 한다. 진실과 정직 이것이 없이는 하나님께서 원하시는 사역이 될 수 없다. 기본기가 갖추어지지 않은 사람은 경기에 나설 수가 없다. 기본이 튼튼하지 못하면 절대 승리할 수 없기 때문이다. 우리는 승리자다. 부활하신 예수님의 권세와 능력으로 세상을 향해 나아가는 승리자인 것이다. 사역자들이여! 그리스도 안에서 진실하라. 복음으로 담대하라. 가슴을 펴고 다가올 세상을 향해 당당히 나서라.

사역자의 성공패턴

"내가 어렸을 때에는 말하는 것이 어린아이와 같고 깨닫는 것이 어린아이와 같고 생각하는 것이 어린아이와 같다가 장성한 사람이 되어서는 어린아이의 일을 버렸노라"(고전 13:11)

스티븐 코비(Stephen Covey)의 저작 《성공하는 사람들의 7가지 습관》은 1994년부터 13년이 지난 지금까지도 변함없이 스테디 셀러(steady seller)로 한국인들의 가슴에 일대 혁명을 불러일으킨 성공학의 명저가 되었다. 이 밖에도 《사람들이 나를 좋아하게 만드는 습관 7가지 》 등등 많은 성공학 저서들이 쏟아져 나왔다. 그와 같은 종류의 성공학 저서들이 베스트 셀러(best seller)가 됨은 사람들이 끊임없이 성공에 대한 열망을 가지고 살기 때문이다. 오직 성공으로 인한 명예욕, 권력 등을 손에 쥐기 위해 성공이라는 바다를 항해해 나간다. 수많은 저서들이 세상적인 가치관으로 쓰여졌고, 크리스천을 위한 신앙적 가치관의 저서도 있지만, 나는 우리 사역자들에게 사역자로서의 성공패턴을 신앙적인 가치관으로 바라보고자 한다.

자신의 결점에 직면하라

우리 사역팀 멤버 중 목회자의 도우미 역할을 아주 충실히 해내고 있는 자매가 있다. 늘 발 빠르게 움직이며 나의 스케줄을 나보다 먼저 챙겨주는 귀한 딸이다. 그녀도 처음에는 일을 할 때 침착하지 못한 이유로 작은 실수들이 있었지만 언제나 자신의 약점을 인정하고 상처로 남기지 않으며 기도하여 고쳐 나가려고 애쓰는 모습에 늘 사랑이 더해진다. 오랜 훈련의 결과로 지금은 부족했던 창조성과 깊은 영성으로 목사님과 나를 돕는 신실한 동역자로 일하고 있다. 그녀는 땅에서 온 자가 아닌 하늘에서 온 자처럼 혈육을 초월한 절대 하나님 중심, 사명 중심의 사람이 되었다.

누구나 결점을 가지고 있지만 그 결점으로부터 자유로운 사람은 극히 드물다. 자기 정체성이 약할수록 결점으로부터 자유롭지 못한 것이 대부분의 성향이다. 앞서 언급한 진실과 정직도 자신의 결점에 직면한다면 갖춰나갈 수 있는 부분이다. 그만큼 결점에 직면하는 것은 성공의 지름길이다. 나의 약점을 적극적으로 승화시키는데 전심전력을 다해야 한다.

그러면 어떻게 하는 것이 승화시킬 수 있는 방법일까? 그것은 나의 약점에 성령님을 모심으로 해결된다. 나의 약함에 적극적으로 성령님의 도우심을 구한다면 우리를 위해 늘 대기 중이신 성령님께서 반드시 나의 손을 잡아주실 것이다. 많은 강점이 있었지만 자기의 약점을 인정함으로서 누구보다도 강해졌던 사도 바울. 그가 쓴 서신서에 보면 정말 성령의 충만함과 지혜가 흘러넘침을 알 수 있다. 약점을 승화시키면 반드시 창조성이 뒤 따른다. 약점을 커버하기 위한 모방이 아니라 창조성이 발휘되어 무슨 일에든지 자신감이 생기게 된다.

과거의 지배에서 벗어나라

우리 사역팀 권사 한 분은 개인 기도제목이 '이미지 변신' 이다. 많은 한경적인 어려움을 극복하고 살아가는 권사이지만 오직 주님께 올인하겠다고 결단한 권사는 남들 앞에 당당하다. 하지만 그 권사의 말투와 표정 때문에 상처를 받은 사람들도 많았다. 과거의 이기적인 마음, 무시하는 듯한 말투, 굳어있는 표정에서 탈피하기로 결심하고 열심히 기도를 한다. 지도자로부터 심한 질책과 다스림 속에서 훈련된 자신이 자유로워지면서 많은 변화를 가져왔다.

이미지를 변신 한다는 것은 참 중요하다. 우리가 예수님을 닮아가려고 하면서도 과거에 얽매어 있는다면 그것은 퇴보하는 것이다. 나는 늦게 성장할 뿐이지 후퇴하지 않는다는 결단이 자신감을 줄 것이다. 이미지 변신으로 느낌이 좋은 사람이 되자. 만나면 편안하고 행복해지는 사람은 먼저 서브넣기를 잘한다. 인사도 먼저, 미소도 먼저, 칭찬과 격려도 먼저, 사과나 화해도 먼저 서브(serve)를 넣는다. 자기 감정을 표현할 때도 세련된 모습을 보인다. 분노와 사랑의 표현을 당근과 채찍처럼 적절하게 사용한다. 성난 감정을 정직하고 용기 있게 표현하는 자신감이 있다. 분노라 할지라도 음식의 소금처럼 책임감 있는 주장을 하며 건설적인 방법으로 표현하는 세련됨이 있는 사람.

예수님을 닮으려면 예수님을 내 맘에 모시면 된다. 내 맘 속에 예수님이 계신다는 사실이 당신으로 하여금 모든 것에서 자유하게 할 것이다.

기적과 형통의 문으로 안내하는 감사

"항상 기뻐하라 쉬지 말고 기도하라 범사에 감사하라 이는 그리스도 예수 안에서 너희를 향하신 하나님의 뜻이니라" (살전 5:16-18)

탈무드에 나오는 유태인들의 자녀교육 중에 흥미있는 부분이 있어 소개할까 한다. 그들은 아이들이 어렸을 때 '감사합니다' 라는 말이 혀 끝에 완전히 배지 않으면 다음 단어를 가르치지 않는다고 한다. 그만큼 유태인들은 감사의 소중함을 아이 때부터 가르친다고 볼 수 있다. 이 세상에서 가장 행복한 사람은 감사하는 사람이다.

예수를 믿지 않는 사람들이 예수 믿는 사람들을 볼 때 이해가 가지 않는 5가지가 있다고 한다. 첫째, 술을 마시지 않고도 말을 잘하는 것이 이해가 되지 않는 부분이라고 한다. 우리는 술 취하지 않고도 충분히 기쁘고 행복할 수 있는데 예수 믿지 않는 사람들은 그 부분이 이해가 되지 않는가보다.

두 번째, 천국을 그렇게 사모하고 좋아하면서도 죽을 때가 되면 죽지 않기 위해 발버둥치는 모습이 이해가 되지 않는다고 한다. 그도 그럴 것이 주님 만나기를 소원하면서도 죽음 앞에서는 이 세상의 미련을 버리지 못해 안달하는 모습에서 비그리스도인들이 과연 이 세상보다 천국이 좋다고 확신할 수 있을지 의문이다.

세 번째는 식사 때가 되면 늘 감사기도를 하면서 식사 도중에는 불평을 일삼는 모습이 이해가 되지 않는다고 한다. 반찬이 짜다느니, 먹을 것이 없다느니 하면서 방금 감사한 것은 잊어버리는 모습에서 그렇게 느꼈을 것이다.

네 번째는 하나님 한 분만 모신다면서 헤아릴 수 없이 많은 교파가 있는 것이 이해가 되지 않는다고 한다. 교파는 여러 가지이지만 그 안에 하나님은 한 분이라는 것을 그들이 안다면 좋겠다.

마지막으로 예수 믿는 사람의 입에서는 감사가 끊이지 않는 점이 이해가 되지 않는 부분이라고 말한다. 다른 것은 다 제쳐 두고 예수 믿는 사람들에게는 감사가 넘쳐난다고 인정해 주니 그들이 우리를 제대로 본 것이라는 생각이 든다.

비그리스도인들도 인정한 것처럼 그리스도인들에게 있

어서 감사는 대단히 중요하다. 하나님 또한 감사하는 사람의 마음 속에 계신다. 우리가 행복한 것은 감사하기 때문에 행복한 것이지 무엇인가를 소유하기 때문에 행복한 것은 아니다. 행복은 내가 감사를 얼마나 하느냐에 따라 그 크기가 달라지는 것이다.

3차원적 감사, 범사에 감사

감사라고 해서 다 똑같은 것은 아니다. 감사에도 그 수준에 따라 차이가 있다. 조건부 감사는 그 수준이 가장 낮은 1차원적 감사에 해당한다. 이것은 다른 사람에 비해 내가 우월하다고 느꼈을 때 드리는 감사이다. 예를 들어보자. 주위에 몸이 좀 불편하거나 아픈 사람들을 봤을 때 나는 그렇지 않아서 다행이라고 생각하면서 느끼는 감사가 이에 해당한다. 이런 감사는 우리가 쉽게 하는 감사의 한 부분이다. 다른 사람과 비교해 상대적으로 내가 낫다고 생각해서 오는 이런 감사는 실상은 낮은 수준의 감사에 해당한다.

조건부 감사보다 한 단계 높은 수준의 감사가 바로 2차원적인 감사이다. 이것은 내가 무엇을 받았을 때, 내게 이익이 있을 때 드리는 감사이다. 생각지도 않은 특별 보너스를 받았거나 복권에 당첨 됐을 때 느끼는 감사가 여기에 속한다.

그러나 진정한 감사는 이런 감사가 아니다. 어떤 상황에서도 감사하는 전천후 감사 곧 범사에 감사가 바로 가장 수준 높은 감사요 주님이 원하시는 감사의 모습일 것이다. 사도바울 또한 사랑하는 데살로니가 교회 성도들에게 이런 감사를 할 것을 요구했다. 데살로니가서를 보면 사도 바울은 성도들에게 몇 가지 당부의 말을 전한다.

먼저, 하나님의 종에 대한 권위와 하나님의 질서에 대해서 인정하라고 당부하는 모습이 나온다. 또한 성도들간에는 유기적인 관계를 맺으며 화평할 것을 부탁한다. 사도 바울이 데살로니가 교회와 성도들을 얼마나 사랑했는지 "너희는 우리의 영광이요 기쁨이니라"(살전 2:20) 라고 말한다. 마지막으로 당부한 것은 성도 개인의 성령 충만함이었다. 항상 기뻐하고, 쉬지 말고 기도하며, 범사에 감사하라는 것이 바로 성령 충만한 삶의 모습일 것이다.

이렇게 사도 바울까지도 간절히 성도들에게 범사에 감사할 것을 당부하지만 현실의 우리 삶에서 감사하기란 그리 쉽지 않다. 공중 권세를 잡은 사단은 계속해서 감사의 조건들을 빼앗으려 하고 있으며 우리 마음을 혼란스럽게 만들기 때문이다. 내 마음의 거울을 보고 어디에서 내가 감사를 빼앗기고 있는지 살펴볼 필요가 있다. 내 마음에 혹시 욕심이 있지는 않는가? 그렇다면 당신은 감사할 수 없을 것이다. 내 마음에 비교의식이 있는가? 그렇다면 내 모습에 만족하지 못하기에 또한 감사할 수 없다. 내 안에 걱정, 두려움, 근심이 있는가? 이것 또한 감사를 방해하는 요소들이다.

감사하는 사람들은 자족하는 마음을 갖기에 없는 것보다 있는 것에 감사할 줄 안다. 모든 것이 완벽하게 갖추어졌다고 감사하는 것은 아니다. 하나님의 사랑, 하나님의 은혜를 깨달은 사람이 감사할 수 있다. 당신의 추억의 앨범 속에는 무엇이 남아 있는가? 아직도 상처와 아픔에 묻혀 살고 있는가? 당신 안에는 분명 꽃밭이 있는데 왜 자꾸 잡초에 물을 주고 있는가? 어렸을 때 우리 딸 아이의 하얀 치마에 녹물이 든 적이 있었다. 새 옷이라 버리지도 못하고 아까운 마음에 그 녹물 위에다 유성펜으로 꽃을 그려보았다. 그랬더니 감쪽같이 작품이 되어 버린게 아닌가! 녹물이 꽃이 된 것처럼 우리도 내 안의 상처를 별로 바꾸자. 잡초가 아닌 꽃밭으로 눈을 돌려 상처보다 감사의 간증을 남기는 모두가 되길 바란다.

초월적인 감사, 가시 감사, 벼랑 끝 감사

우리 교회에서도 주일 예배 헌금 시간은 감사의 조건을 듣는 시간이다. 그래서 그 시간만큼은 생략하지 않고 목사님께서 기도하시는 마음으로 읽어주신다. 삐뚤어진 글씨로 "지난 한 달을 지켜주심을 감사하고 새로운 달을 주신 것을 감사합니다", "2학년이 된 것을 감사합니다"라고 쓴 아이들의 있는가 하면 매주 무명으로 "목사님, 사모님 건강 지켜주세요", "시대적인 사명을 감당하는 능력의 목사님이 되게 해 주세요"라고 헌금하시는 분들, "이 시대의 모델이 되는 교회가 되게 해 주세요"라고 교회를 위해 헌금하시는 분들, 그 밖의 한 주간의 삶 속에서 함께 하신 하나님께 감사하는 글귀들이 모든 성도들에게도 같은 마음을 전염시키고 있다.

이렇게 하나님의 은혜와 사랑을 깨달은 자라면 감사하지 않고서는 견딜 수가 없다. 하박국의 고백처럼 늘 초월적인 감사를 한다. "비록 무화과나무가 무성치 못하며 포도나무에 열매가 없으며 감람나무에 소출이 없으며 밭에 식물이 없으며 우리에 양이 없으며 외양간에 소가 없을찌라도 나는 여호와를 인하여 즐거워하며 나의 구원의 하나님을 인하여 기뻐하리로다"(합 3:17-18)

사도 바울을 생각해 보라. 그는 감옥에 갇힌 상황에서

도 찬양과 기도를 멈추지 않았고 그 안에서도 감사하지 않았던가! 모든 상황을 초월하는 감사가 내 안에 있는가?

사도 바울처럼 완벽한 사람이 또 어디 있던가? 그는 유대인으로서 당대 최고의 교법사인 가말리에의 문하에서 엄격한 교육을 받은 엘리트요(행 22:3), 나면서부터 로마 시민권을 가진 자였다(행 22:28). 그 당시 로마는 막강한 권세를 자랑하고 있었고 이를 통해 자국민은 철저하게 보호하고 있었다. 당시 로마법에 따르면, 로마인은 조사나 재판없이 체포나 구금되지 않을 특권을 가지고 있었고, 로마의 시민권을 가진 사람을 함부로 채찍질하여 고문할 수 없었다고 한다. 또한 로마의 시민권을 가진 사람은 판결을 받기 전에는 매를 맞거나 십자가형을 받지 않았으며, 로마 황제의 법정에까지 상소할 수 있었다고 한다. 그러니 사도 바울은 그 백그라운드(background)가 얼마나 탄탄하단 말인가! 그런 그에게도 가시가 있었다. 어떤 사람들은 간질이라고도 하고 안질이라고도 하나 확실한 것은 사소한 병은 아니였다.

고린도 후서 12장에 보면, 사도 바울은 자신의 병을 놓고 주님께 세 번 간구하는 모습이 나온다. 그 때 주님은 바울의 기도를 들어주시기 보다는 오히려 "내 은혜가 네게 족하도다 이는 내 능력이 약한 데서 온전하여짐이라"(고후 12:9) 라고 하신다. 그 때 바울의 태도는 어떠했나? 자신의 기도를 들어주지 않으신 주님께 원망을 퍼부었던가? 아니다. 오히려 그는 크게 기뻐하였다고 나온다. 그리고 그동안 그 약함에 억눌려 살았던 모습에서 벗어나 자랑하고 다녔다. 그것이 하나님의 깊은 뜻임을 깨달았기 때문이었다. 그에게는 가시라고 생각했던 것이 하나님께서는 능력의 수단으로 사용하고 계심을 알았기 때문이다.

우리가 장미를 볼 때 그 꽃의 아름다움에 취해 가시가 있다는 것을 잊어버리게 된다. 우리도 내 안의 가시에만 집중하지 말자. 가시가 없다고 행복할 것이라고 생각하지 말자. 가시가 오히려 당신의 축복의 통로가 될 수 있다. 하나님은 그 가시를 통해 당신을 하나님의 사람으로 만들어가길 원하신다. 지금부터 내 안의 가시에 불평하기보다는 가시에 감사하는 것은 어떨까?

초월적인 감사, 가시 감사와 더불어 꼭 필요한 감사가 있으니 벼랑 끝 감사이다. 미국의 한 소설가는 성경을 다 불태워도 욥기서 만큼은 남겨놔야 한다고 말했다. 그만큼 욥의 모습에서 우리는 중요한 것을 깨달을 수 있다. 그는 벼랑 끝 감사를 한 대표적인 사람이다. 사랑하는 가족과 재산이 다 없어지고 자기 몸에 악창이 나는 벼랑 끝 상황에서도 하나님께 감사했다. "주신 자도 여호와시요 취하신 자도 여호와시오니 여호와의 이름이 찬송을 받으실찌니이다"(욥 1:21) 다니엘과 세 친구들은 어떠한가! 사자굴에 던져지고 풀무불에 던져지는 상황에서도 그럼에도 불구하고 감사했다.

우리에게 있어서 고난은 힘들지만 고난 자체가 힘든 것은 아니다. 고통의 쓴뿌리가 내 심장까지 쳐들어오지 못하도록 우리는 감사로 무장해야 한다. 고통이 심장까지 온다면 그것은 상처로 남게 될 것이다. 내 상황 때문에 절대로 절망하지 말고 감사함으로 행복의 자리를 놓치지 않길 바란다.

감사의 4중주

암울한 19세기 영국교회에 부흥의 불씨를 지핀 찰스 스펄전(Charles H. Spurgeon)의 감사의 고백을 보아라. "촛불을 보고 감사하는 자에게 전기불을 주고, 전기불을 보고 감사하는 자에게 달빛을 주며, 달빛을 보고 감사하는 자에게는 햇빛을 주고, 햇빛을 보고 감사하는 자에게 하나님의 영광은 빛을 보여 주리라"

선물을 받고도 풀어보지 않는다면 선물이 아니다. 노래를 부를 때까지는 노래가 아니다. 종이 울릴 때까지는 종이 아니다. 사랑을 표현할 때까지는 사랑이 아니다. 마찬가지로 감사도 생각만 하고 표현하지 않는다면 감사가 아니다. 감사하는 사람에게 하나님은 함께 하시며 천국을 맛보는 기쁨을 주실 것이다. 지금 감사의 4중주를 울려보자. 당신을 기적과 형통의 문으로 안내할 것이다.

작은 것에 감사해라. 그러면 더욱 큰 것을 주실 것이다.
나의 부족한 것에 감사해라. 차고 넘치는 은혜가 있을 것이다.
고통 중에 감사해라. 문제가 풀릴 것이다.
여유 있을 때 감사해라. 누리는 축복이 있을 것이다.

기도는 마스터 키

"구하라 그러면 너희에게 주실 것이요 찾으라 그러면 찾을 것이요 문을 두드리라 그러면 너희에게 열릴 것이니 구하는 이마다 얻을 것이요 찾는 이가 찾을 것이요 두드리는 이에게 열릴 것이니라"(마 7:7-8)

역사상 기도 응답을 가장 많이 받았던 인물이 있으니 바로 영국의 죠지 뮬러(George Muller)이다. 그가 얼마나 기도에 의지하였는지는 다음 일화를 통해 알 수 있다.

죠지 뮬러가 80대였던 어느 날 그는 신학교 학생들의 모임에 참석하였다고 한다. 쇠약한 몸으로 인해 의자에 기댄 채 강의를 하던 그에게 강의가 끝날 때 쯤 한 학생이 다음과 같은 질문을 던졌다.

"선생님! 일평생 동안 만 명이나 되는 고아를 먹여 살리고 십만 명의 주일학교 학생들을 도와주고 허드슨 테일러(중국 선교의 선구자)를 비롯한 많은 선교사들에게 2만권 이상의 성경을 보내신 것으로 알고 있습니다. 액수로 따져서 총 8백만 불 이상의 돈을 쓰셨습니다. 빈 손으로 그렇게 엄청난 일을 하실 수 있었던 비결이 무엇인지 말씀해 주시면 감사하겠습니다"

그 질문을 받은 죠지 뮬러는 의자에서 몸에 힘을 주어 겨우 일어나더니 의자를 마주보고 돌아서서 바닥에 무릎을 꿇고 앉았다. 그리고 의자 위에 두 팔은 얹고 손을 깍지 끼고 고개를 숙였다. 그리고 가만히 있다가 일어나 말했다.

"이게 비결이요. 나의 비결은 이것뿐이었소"

죠지 뮬러는 기도의 능력을 알고 있었다. 그는 문제가 있을 때마다 다른 사람에게 도움을 구하기보다 먼저 하나님께 엎드렸고 하나님 뜻에 맞는 기도를 올렸기에 5만 번 이상의 기도응답을 받을 수 있었다. 그는 기도의 위대함을 몸소 체험한 사람이다. 믿음으로 인해 우리가 구원을 얻는다면 하늘의 보화를 얻기 위한 능력은 오직 기도이다. 기도는 모든 문제를 풀 수 있는 마스터 키(Master Key)이다.

새벽을 통한 영성 훈련

한국 교회의 특징이라고 하면 단연코 뜨거운 새벽기도일 것이다. 그만큼 새벽기도는 세계 어느 교회에서도 찾아

볼 수 없는 한국 교회만의 진귀한 모습이다. 한국을 찾는 수많은 해외 지도자들은 이러한 모습에서 한국 교회 부흥의 원동력을 찾기도 한다.

그러나 성경을 보면 새벽기도는 결코 없던 것을 만들어 낸 작품이 아니다. 많은 신앙의 선조들이 새벽에 일어나 하나님께 기도를 드렸다. 무엇보다 우리 예수님도 새벽을 깨우는 분이셨다. "새벽 오히려 미명에 예수께서 일어나 나가 한적한 곳으로 가사 거기서 기도하시더니"(막 1:35)

새벽기도에는 희망이 있다. 새벽기도를 통해 주님은 다른 사람이 볼 수 없는 것을 볼 수 있게 하시고 기도하게 하시고 기대하는 비전을 갖게 하신다. 새벽별은 아무나 볼 수 있는 것이 아니다. 하루의 첫 시간인 새벽을 주님께 드리는 자만이 새벽 이슬을 맞고 새벽별을 볼 수 있다. 그리고 새벽을 드리는 자가 그 날의 삶을 온전히 하나님께 맡기는 자이다.

내가 사역팀의 리더를 맡고 훈련한 것 중의 하나가 바로 새벽기도였다. 신앙의 연조가 오래된 분들은 그나마 새벽기도를 잘 하고 있었지만 젊은 친구들에게는 버거운 일이었다. 초반에는 일주일 중 참석하는 날보다 빠지는 날이 더 많더니 지금은 대부분이 새벽의 성공자가 되어 하나님이 주시는 은밀한 음성과 세밀한 터치를 받고 있다.

'난 죽어도 일찍 못 일어나' 라고 말하는 사람이 있을지 모른다. 하지만 새벽에 주시는 주님의 크고 놀라운 비밀을 깨닫고 싶은 자라면 잠깐의 잠의 유혹에서 벗어나 보자. 주님께 크게 쓰임 받은 사람 중에서 주님과의 새벽교제 없이 성공한 사람은 없다. 새벽을 통해 영성을 훈련해 보자. 당신의 영성은 더욱 빛날 것이다.

하늘 보좌를 움직이는 기도

기도만 많이 한다고 모든 것이 다 이루어진 것으로 착각하지 않길 바란다. 물론 기도의 양은 중요하다. 하루에 10분 기도하는 사람과 하루에 3시간 기도하는 사람의 모습은 엄청나게 다르다. 하지만 양 못지않게 중요한 것이 있으니 기도의 질이다. 즉 기도하는 내용이 기도를 들어주는 사람에게 얼마나 합당한 내용인가가 중요하다. 아무리 열심히 밤낮으로 부르짖어 간구해도 그 기도가 하나님 마음에 합당치 않으면 하나님은 우리의 기도를 외면하실 것이다.

혹시 내 기도가 비포장도로인가? 아니면 국도인가? 이런 사람의 기도는 주님께 배달되는데 한참이 걸린다. 내 생각으로 가득 찬 기도, 정욕을 위해 구하는 기도이기 때문이다. 우리 기도는 고속도로가 되어 하나님께 직통으로 배달되어야 한다. 그래서 하나님의 마음을 움직이고 감동을 드려야 한다. 나의 눈으로 필요한 것을 구하는 기도가 아닌 하나님의 눈으로 바라보는 기도를 드려야 한다. 나 중심적으로 생각하는 기도가 아닌 하나님의 마음을 품고 하나님 관점에서 드리는 기도가 필요하다.

기도할 때 유일하신 우리의 중보자 되신 예수님의 이름을 붙잡아라. 우리는 우리의 이름으로 하나님께 기도를 올릴 수 없다. 아담과 하와의 원죄 이래 우리는 하나님과 죄라는 벽이 생겼다. 그러나 하나님은 우리를 사랑하시기에 그 벽을 허물기 원하셨다. 하나뿐인 독생자 아들 예수님을 통해서 말이다. 예수님을 통해야만 우리는 하나님께 나아갈 수 있다. 그래서 우리는 예수님의 이름과 능력을 붙잡아야 한다.

또한, 우리는 성령님을 붙잡고 기도해야 한다. 성령님은 삼위일체 하나님의 한 분으로 지금도 말할 수 없는 탄식으로 우리를 위해 간구하신다. "이와 같이 성령도 우리 연약함을 도우시나니 우리가 마땅히 빌 바를 알지 못하나 오직 성령이 말할 수 없는 탄식으로 우리를 위하여 친히 간구하시느니라"(롬 8:26) 성령으로 기도하지 않는다면 그것은 중언부언한 기도가 될 수 있다. 우리가 성령을 의지하여 기도할 때 그 분께서는 친히 간구할 것들을 생각나게 하시고 기도하게 하신다는 사실을 기억하자.

성령으로 기도하고 예수님의 이름으로 간구했다면 이제는 믿음을 갖고 눈물로 호소하는 인내를 발휘해 보자. 어떤 사람은 기도하면서 눈물 한 방울 흘리지 않는 사람이 있다. 눈물이 사라졌다는 것은 내 마음이 강퍅해졌다는 신호이다. 간절한 기도에는 안타까움이 묻어나고, 긍휼함이 묻어나기에 눈물이 나오기 마련이다. 무릎으로 심고 눈물로 물을 주었다면 이제는 인내함으로 하나님의 때를 기다려보자. 당신의 기도가 하나님의 보좌를 움직였다면 하나님은 당신을 위해 지금 그 기도의 응답을 준비하고 계실 것이다.

기도의 열정을 불태워라

깊은 영성은 위로 성장하기 전에 아래로 성장한다. 그것은 곧 드러나지 않는 힘을 기르는 것과 같다. 하늘로 치솟은 높은 나무를 보아라. 그 밑에서 그 나무를 지탱하고 있는 뿌리가 있다. 뿌리는 눈에 보이지 않지만 나무가 큰 만큼 뿌리 또한 정비례한다. 기도는 바로 그 뿌리 역할을 한다. 기도로 심은 모든 것은 우리의 뿌리를 더욱 견고하게 만들 것이며 결코 당신을 헛되게 만들지 않을 것이다.

신앙생활에 있어 가장 기본이 되는 것은 말씀과 기도이다. 말씀과 기도 없이 성장하는 사람은 없다. 말씀과 기도가 없는 교회는 성장이 없다. 개인적으로나 교회적으로 이 기도의 불이 꺼지지 않도록 해야 한다. 불이 더 활활 타오르도록 박차를 가해야 한다.

비전을 크게 가진 사람들이라면 그만큼 기도를 많이 해야 한다. 기도가 뒷받침되지 않는 비전은 이루어지지 않는다. 기도는 곧 열정이다. 내 안에 기도가 사라졌는가? 그렇다면 열정이 식지 않았나 확인해 보기 바란다.

기도와 사랑에 빠져라

누군가 사랑을 하게 되면 봐도 봐도 또 보고 싶고 말하고 말해도 또 말하고 싶고, 그 사람의 원하는 것은 다 주고 싶은 마음이 생긴다. 이것은 의무가 아니라 자원하는 마음이다. 사랑에 빠지려면 가장 중요한 것은 대화이다. 말이 통하면 표정이 통하고 표정이 통하면 느낌으로도 서로의 마음을 주고받을 수 있다. 사랑하는 사람에게는 비밀이 없다. 비밀이 없는 관계는 주제가 고갈되지 않는다. 정직하고 솔직한 대화, 고통과 기쁨, 좋아하는 것 싫어하는 것, 겸손함과 순수함으로 교제할 때 진정한 행복을 느낀다.

사람과 사람 사이에서도 가장 친밀해질 수 있는 도구가 대화라면 하나님과 인간 사이에서도 기도라는 대화의 통로보다 더 친밀하고 가까워질 수 있는 매개는 없을 것이다. 우리가 기도할 때마다 기도의 지평선은 넓어지며 우리의 태도가 변화된다. 우리가 평소 일상 생활의 필요한 말을 대화라고 말하지 않듯이 식기도, 예배 전후 잠깐씩 드리는 기도만 가지고는 하나님과 사랑에 빠질만큼 깊은 대화를 만들어 낼 수 없다.

참 된 기도는 말에서 나오는 것이 아니라 사랑에 빠졌을 때 나온다. 사랑에 빠지면 말이 달라지고 표정이 달라지며 많은 사람에게 너그러워지며 포용력이 생긴다. 하나님과 사랑에 빠져라. 그럴때 기도가 달라질 것이다. 기도가 깊어질 때 자신의 엄청난 변화와 성장을 발견하게 될 것이다. 기도는 하면 할수록 쉬워진다. 기도가 쉬워지면 쉬워질수록 당신은 더 많은 기도를 하게 된다.

지금 당신 손에는 모든 것을 해결할 수 있는 마스터 키가 있다. 주님의 마음에 그 키를 정확히 꽂는다면 하나님은 당신에게 그 마음을 열어 보이실 것이다.

"내가 천국 열쇠를 네게 주리니 네가 땅에서 무엇이든지 매면 하늘에서도 매일 것이요 네가 땅에서 무엇이든지 풀면 하늘에서도 풀리리라"(마 16:19)

그리스도의 분량에 이르기까지

"내가 이미 얻었다 함도 아니요 온전히 이루었다 함도 아니라 오직 내가 그리스도 예수께 잡힌 바 된 그것을 잡으려고 좇아 가노라"(빌 3:12)

요즘 젊은 부모들 사이에서는 자녀들의 키를 1cm라도 더 키우기 위해 각종 보약은 물론 키 크는 수술까지도 한다는 소식을 들었다. 과거에는 내 키는 운명이라고 생각하고 받아들여야만 했는데 요즘 세대는 참으로 별스럽다는 생각이 든다. 키 작은 자들의 심정을 이해하지 못하는 발언일까? 하지만 나 또한 콤플렉스가 있었으니 바로 키이다. 155cm 정도 되는 아담하다 못해 작은 키는 어려서부터 못내 아쉬운 점 중에 하나였다. 그래서 나는 하이힐을 즐겨 신었다. 작은 키를 커버하기 위해 신었던 하이힐이 지금은 내 몸의 일부가 되어 버렸다.

내 육체적인 키는 여기서 멈추었지만 내 영은 지금도 성장하고 있다. 세상에서 보는 나는 작지만 주님 나라에서

나는 무한대로 성장할 수 있는 자라는 사실이 감사할 뿐이다.

성장에 대한 목마름

신앙생활을 오래 한 사람 일수록 더욱 본이 되어야 하는데 그렇지 못한 경우를 종종 보게 된다. 그러고 보면 신앙생활은 경력제가 아닌가 보다. 주님께서도 믿음은 그 시기가 중요하지 않음을 말씀하셨다. "먼저 된 자로서 나중 되고 나중 된 자로서 먼저 될 자가 많으니라"(마 19:30) 얼마만큼 주님에 대한 갈망이 있느냐가 성장의 관건이다. 우리는 늘 주님 앞에서 목마름을 느껴야 한다. 영적 성장을 위한 갈급함이 있어야 한다. 하나님은 갈망하고 사모하는 자에게 만족함을 주신다.

무엇보다 그리스도를 깊이 알고자 하는 갈망이 있어야 한다. 주님은 넓이, 깊이, 높이를 측량할 수 없는 분이다. 그러기에 우리가 다 알았다고 한 것은 나의 착각에 불과하다. "하나님의 지혜에 있어서는 이 세상이 자기 지혜로 하나님을 알지 못하는 고로…"(고전 1:21) 우리가 아는 주님은 그분의 10000분의 1이라도 될까? 주님은 모든 것 위에 계시는 분이시므로 우리의 얄팍한 지식으로는 주님을 다 안다고 장담할 수 없다. 우리는 늘 주님이 어떤 분이신가를 더욱 깊이 깨닫는 거룩한 갈망이 필요하다.

또한 그 분을 알기를 원하는 만큼 **예수님을 닮아가고자 하는 갈망도 필요하다.** 예수님은 따뜻한 카리스마의 소유자셨다. 그분은 사랑이 넘치는 분이셨지만 강한 내성을 가지고 계셨다. 그분의 삶을 통해 우리는 성령의 열매들을 발견할 수 있다. 우리의 한 가지 소원이 있다면 예수님을 닮아가는 것이 아닐까?

우리는 말씀을 듣고 성경을 읽고자 하는 갈망이 있어야 한다. "주의 말씀의 맛이 내게 어찌 그리 단지요 내 입에 꿀보다 더하니이다"(시 119:103) 말씀이 밥보다 더 맛있어야 한다. 식사 시간은 그렇게도 잊지 않고 챙겨 먹으면서도 말씀의 밥은 왜 등한시하는가? 예배 시간에 들려주시는 말씀, 성경을 통해 감동이 오는 말씀을 붙잡고 살자. 하나님은 말씀을 통해서 우리에게 그 분의 뜻을 전하시기도 한다. 영적 성장의 비밀은 이 말씀을 먹고 자라는 사람이다.

푯대를 향하여

영적인 성장에는 끝이 없다. 그 끝이 있다면 바로 우리가 주님 앞에 가는 그 순간일 것이다. 사도 바울 또한 내가 온전히 이루었다고 생각하지 말라고 한다. 그는 한 일은 잊어버리고 정상을 향하여 오늘도 열심히 달린다고 고백한다. 그 정상은 어디일까? 나는 바로 주님과 만나는 순간이라고 생각된다. 항상 내 성장의 모습을 80%정도만 완성되었다고 생각해 보라. 그리고 나머지 20%를 채우기 위한 노력은 죽기까지 계속하라. 그렇다면 당신은 교만해지지 않을 것이다. 모든 것을 이루었다고 자만하지 않을 것이다.

때론 성장이 더딜 때도 있을 것이다. 하지만 성장이 멈춘 것보다는 속도가 좀 느린 완행열차도 괜찮다. 다른 사람을 돌볼 여유도 없이 휙~ 지나가는 고속열차보다 힘들어하고 도움을 필요로 하는 사람들의 아픔을 돌아보며 가는 완행열차가 더욱 매력적일 수도 있다. 주님이 십자가에 달려 돌아가시기 전 "다 이루었도다"하신 말씀처럼 우리도 그리스도의 분량에 이르기까지 장성하여 주님이 부르시는 순간에 "다 이루었습니다"라고 말할 수 있는 여러분이 되길 바란다.

예수님의 가정으로 입양된 우리

"누구든지 하나님의 뜻대로 하는 자는 내 형제요 자매요 모친이니라"(막 3:35)

얼마 전 유명 탤런트 부부가 아이를 입양한 것이 화제가 된 적이 있다. 입양도 쉬운 일이 아닐텐데 그들의 대답이 더욱 걸작이었다. "입양은 숨길일이 아니며 아이를 주시는 하나님의 또 다른 방법일 뿐이다"라고 말했다. 그리고 나중에 아이에게는 "오빠는 배가 아파서 낳았고 너는 오래 기도를 했더니 가슴이 아파서 낳았다"라고 솔직히 말해 줄 것이라고 말하는 부부의 모습을 보면서 가슴이 흐뭇했다.

우리 부부도 오래전부터 입양에 대한 생각을 한 적이 있다. 우리는 자식이 적은 것이 목회에만 신경 쓸 수 있어 좋다지만 딸에게는 의지할 형제, 자매 없는 것이 마음에 늘 걸렸다. 그렇다고 내가 자식을 위해 헌신적으로 뒷바라지 하는 부모가 아니기에 더욱 미안함을 감출 수 없었다. 섬에서 목회를 하다보니 어떤 목회자들은 아이들의 성장에 따라 교육적인 측면도 고려해 목회 지역을 옮기는 경우도 보았지만 우리는 그럴 수 없었다. 그러다보니 어려서부터 친척 집을 옮겨 다니며 학창 시절을 홀로 보낸 아이는 나이에 비해 어른스러운 모습이 많다.

지금 딸 아이는 필리핀에서 유학 중이다. 바라는 것이 있다면 딸 아이가 많은 사람들로부터 받은 사랑에 더 많은 사랑을 더해 다른 이들에게 나누어 주길 바란다. 그리고 그 섬기는 손길을 통해 행복을 느낀다면 더 이상 바랄 것이 없을 것 같다.

영적 가족공동체를 이룬 교회

신약성경은 예수님을 믿고 따른다는 것은 곧 새로운 가정, 즉 예수님의 가족으로 입양됨으로써 영적으로 거듭나는 것이라고 말한다. 예수 이름으로 거듭난 사람은 풍성한 마음을 갖게 되고 다양성을 인정하는 풍요로운 사람이 된다. 그렇기 때문에 인종을 초월하고 문화, 빈부, 성 따위의 모든 장벽을 뛰어 넘어 범세계적인 사람이 된다. "너희는 유대인이나 헬라인이나 종이나 자주자나 남자나 여자 없이 다 그리스도 예수 안에

서 하나이니라"(갈 3:28)

언젠가 예수님께서 사역을 감당하실 때 형제들이 찾아온 적이 있었다. 그 때 제자들이 바쁘디 바쁘신 주님께 식구들이 밖에 와 있다고 말씀드리니 주님은 이렇게 대답하셨다. "누가 내 모친이며 동생들이냐 하시고 둘러 앉은 자들을 둘러 보시며 가라사대 내 모친과 내 동생들을 보라 누구든지 하나님의 뜻대로 하는 자는 내 형제요 자매요 모친이니라"(막 3:33-35) 라고 하셨다.

믿는 사람들에게는 이제 교회가 첫 번째 가정이다. 영적으로 거듭남을 통해서 하나님의 식구로 입양된 것이기에 우리는 한 하나님을 섬기는 한 형제요 자매이다. 부부라 할지라도 남편과 아내이기 이전에 예수 그리스도 안에서 형제이고 자매이다.

감사하게도 우리 성도들은 서로가 영적 가족 공동체로서 혈육을 초월한 사랑을 보여주고 있다. 교회 성도들을 한 가족이라고 생각하고 있고 늘 그들의 일에 내 가족의 일처럼 발 벗고 나설 때 흐뭇함을 느끼게 된다. 우리 부부 또한 성도들을 가슴으로 낳은 자식과도 같은 존재들로 여긴다. 그들을 생각할 때마다 가슴이 저리고, 더 사랑해 줄 수 없어서 미안할 때가 많다. 과거 많은 상처로 인해 진정한 사랑이 무엇인지 모르는 성도들은 사랑을 받는 것조차 두려움을 보인다. 어린 시절 충분히 받지 못한 부모님의 사랑의 빈자리를 주님의 사랑으로 내가 채워주고 싶다. 성도들에게 엄마가 되어주고 싶다. 때로는 주님 안에서 바른 길로 가지 않는다면 사랑의 회초리를 때려서라도 옳은 길로 인도하고 싶고, 기쁜 일이 있을 때에는 마음을 다해 축복해 주고 싶고, 아픔이 있을 때에는 내가 대신 아팠으면 좋겠다. 이것이 또한 주님이 우리를 향한 마음이겠지 싶다.

나는 왕자! 나는 공주!

주일학교 때에 배운 찬양 중에 다음과 같은 찬양이 있었다.

♪ 난난난난 나는 왕자다 하나님 나라의 나는 왕자다
내가 비록 어릴지라도 나는 왕~ 나는 왕~ 나는 왕자다
난난난난 나는 공주다 하나님 나라의 나는 공주다
내가 비록 어릴지라도 나는 공~ 나는 공~ 나는 공주다 ♪

한 나라의 왕자와 공주들은 그 신분에 합당한 삶을 살아야 한다. 우리도 하나님 나라의 왕자와 공주들이다. 그런

데 왜 자신이 왕자와 공주임을 부인하며 살고 있는지 알 수 없다. '왕자와 거지' 라는 동화를 보면 왕자와 거지는 각각 자기의 신분을 바꾸어 생활한다. 그러나 아무리 왕자가 거지 옷을 입은 들, 또는 거지가 왕자의 옷을 입은 들 결코 진실은 바뀌지 않는다.

영적으로 거듭난 사람이라면 우리의 신분은 더 이상 거지가 아니다. 누더기 옷 위에 새 옷을 입었다면 누더기 옷을 벗어 버리기 바란다. 새 포도주는 새 부대에 담아야 한다. 새 포도주를 낡은 가죽 부대에 담는다면 새 포도주까지 버리게 된다. "새 포도주를 낡은 가죽 부대에 넣는 자가 없나니 만일 그렇게 하면 새 포도주가 부대를 터뜨려 포도주가 쏟아지고 부대도 버리게 되리라"(눅 5:37)

내가 하나님의 자녀가 됨을 추어도 의심하지 말라. 나는 값으로 환산할 수 없는 예수님의 피로 산 소중한 존재들이기에...

영적 메이크업으로 이미지 살리기

> "그리스도의 평강이 너희 마음을 주장하게 하라
> 평강을 위하여 한 몸으로 부르심을 받았나니
> 또한 너희는 감사하는자가 되라"(골 3:15)

남편과 함께 외출을 한다하면 아내들은 분주하다. 남자들은 세수만 하고 옷만 입으면 된다지만 여자들은 다르다. 얼굴에서부터 머리까지 신경써야 할 일이 한 두가지가 아니기 때문이다. 보통 여자들이 화장하는데 걸리는 시간은 평균 20-30분이라고 한다. 또한 출근하는 여성들 사이에서는 '아침 밥은 안 먹어도 화장은 해야 한다' 라는 말이 나올 정도라 하니 여자들에게 있어서 화장은 중요한 의미를 차지한다고 볼 수 있다.

여자들도 가꾸는 것이 필요하다. 너무 지나치게 사치하면서까지 꾸미는 것은 문제이지만 자신의 외모를 가꾼다는 것은 그만큼 자신을 사랑하고 당당하게 표현한다는 긍정적인 의미로 받아들일 수 있다.

특별히 우리가 예배드릴 때에도 신경을 써야 한다. 하나님께 우리는 최고로 아름다운 모습을 보여주어야 한다. 일주일 중에 가장 아름다운 날로 자신을 꾸며 보아라. 사랑하는 사람을 만나러 가는데 눈곱 낀 모습을 하고 집에서 입던 옷차림으로 나가는 사람이 어디 있겠는가?

시골 교회에서 목회를 하다보니 이 부분의 훈련도 많이 필요했다. 특히 노인분들은 화장은 못하시더라도 단정한 옷으로 입고 예배에 참석하면 좋을텐데 밭에서 일하시던 복장 그대로 오시는게 아닌가! 목사님께서는 늘 예쁘게 입고 오시라고 귀에 딱지가 앉도록 얘기하셨다. 그 결과 지금은 주일만 되면 한복을 곱게 차려입으시고 못하시는 화장이지만 조심스럽게 립스틱까지 바르고 오시는 모습들이 얼마나 아름다운지 모른다.

자신을 가꾼다는 것은 꼭 명품 옷을 입고 화장품을 써야 한다는 것은 아니다. 내가 가지고 있는 옷을 가지고도 최대한 예의를 지켜 표현한다면 그것으로 만족이다. 또한 아름다움이라는 것이 꼭 외적인 아름다움만을 이야기하는 것은 아니다. 더불어 내면의 아름다움도 함께 표출될 수 있어야 한다. 그러나 무엇보다 크리스천이라면 영적인 메이크업(make-up)의 중요함을 깨달아야 한다.

자기 얼굴에 책임지자

링컨이 대통령으로 있을 때의 일이다. 절친한 친구가 어떤 사람을 대통령 비서로 추천하였다. 링컨은 친구의 인격을 믿었기에 그 사람을 채용하려고 하였다. 그러나 링컨은 그 사람을 면접하고는 그 자리에서 되돌려 보냈다. 친구가 이에 대해 항의를 하자 링컨은 이렇게 대답하였다. "사람은 나이 40이 되면 자기 얼굴에 책임을 져야 합니다. 그런데 그 사람 얼굴을 보니 진실이라고는 하나도 찾아볼 수 없었습니다."

우리의 얼굴도 마찬가지이다. 내 얼굴을 거울에 비추어 보아라. 나의 얼굴을 보고 다른 사람들이 어떻게 느낄까 생각해 보아라. 내 얼굴에 탐심과 불평이 가득한가? 아니면 주님이 주시는 평안과 기쁨으로 넘쳐나는가? 부부는 닮는다는 이야기가 있다. 남남이었던 부부가 서로 닮는다는 것은 그만큼 서로 사랑하기에 닮는 것이다. 우리도 주님을 사랑하는 만큼 그분을 닮아야 한다. 모든 사람이 내 모습 속에서 주님의 모습을 발견할 수 있어야 한다. 세상 가운데 우리는 '주님의 전도지' 임을 잊지 말자.

영적인 기초화장하기

화장을 할 때에도 순서가 있다. 그냥 무조건 바르고 칠한다고 완성되는 것이 아니다. 나이가 들다보니 그 단계는 더욱 복잡해졌다. 요새는 눈가의 주름을 방지하는 아이크림까지 발라야 한다니 여간 까다로운 것이 아니다. 조금이라도 화장하는 순서를 바꾸다보면 화장이 제대로 먹지 않는다. 그러나 무엇보다 중요한 것이 기초화장이다.

영적인 메이크업에 있어서도 기초화장이 중요하다. 영적인 기초화장이 잘 되어있다면 그 위에 무엇을 바르고 칠해도 빛이 날 것이다. 여기서 중요한 영적인 기초화장은 바로 자비, 온유함, 오래 참음이다.

그리스도인들은 친절해야 한다. 상냥해야 한다. 상대방이 먼저 나에게 친절을 베풀어 줄 때까지 기다릴 필요가 없다. 내가 먼저 기분 좋게 서브를 넣어보아라. 그렇다면 상대방이 그 서브를 받아 답례를 할 것이다. 먼저 인사하고 먼저 악수를 청하고 먼저 미소를 보내며 먼저 감정 표현을 하면 된다. 특별히 서비스업에 종사하는 그리스도인들이라면 이것을 생명으로 알고 실천해야 한다.

억지로 짓는 웃음과 표정은 표시가 난다. 한 조사에 의

하면 억지로 웃는 웃음을 자세히 살펴보니 오른쪽 입꼬리가 약간 더 올라간다는 결과가 나왔다. 이는 감정에 의한 웃음이 아니고 이성적으로 판단된 억지 웃음이기에 좌뇌가 기능을 하였기 때문이다. '웃는 얼굴에 침 못 뱉는다' 라는 속담은 그냥 생겨난 것이 아니다. 만약 당신이 친절함과 상냥함으로 기초화장을 잘 한다면 '자비' 의 열매가 당신 안에 맺힐 것이다.

다음으로 필요한 기초화장은 무례한 자까지 용납할 수 있는 마음이다. 더 나아가 주님은 원수를 사랑하라고 하신다. "너희 원수를 사랑하며 너희를 미워하는 자를 선대하며 너희를 저주하는 자를 위하여 축복하며 너희를 모욕하는 자를 위하여 기도하라… 너희가 만일 너희를 사랑하는 자를 사랑하면 칭찬받을 것이 무엇이뇨 죄인들도 사랑하는 자를 사랑하느니라"(눅 6:27-32)

참으로 어려운 일이다. 특별한 이유없이 나를 해코지하는 사람들도 용서하라니… 이걸 보면 스데반 집사는 무례한 자까지 용납할 수 있는 마음을 가진 분임에 틀림없다. 자기를 핍박하고 저주하고 돌을 던지고 죽이려 하는 사람들에게 마지막 순간까지도 관용의 마음을 베풀며 그들을 위해 기도하지 않았던가! "주여 이 죄를 저들에게 돌리지 마옵소서 이 말을 하고 자니라"(행 7:60)

끝까지 용서하자. 무례한 자까지 용납할 수 있는 넉넉한 마음이 생긴다면 당신에게 온유함의 열매가 맺힐 것이다. 만약 정말 용서할 수 없는 마음이 생긴다면 그 때는 나를 생각하자. 용서할 수 없는 죄를 지은 나를 용서해 주신 하나님의 은혜를 생각하며...

마지막으로 필요한 기초화장이 있다면 지치지 않는 사랑이다. 목회를 한다는 것은 성도들을 향해 포기하지 않는 사랑을 주는 것이다. 하나님이 그 사람을 포기할 때까지 우리는 포기하면 안된다. 우리에게 그런 선택권이 없다. 때론 왜 지칠 때가 없겠는가? 나라고 왜 포기하고 싶지 않겠는가? 그럴 때마다 나는 다음과 같이 고백하며 희망을 주시는 성령님을 붙잡는다.

> 하나님 때문에 온 우주를 사랑하게 되었고,
> 남편을 만남으로 더욱 많은 사람들과 사랑을 하게 되었고,
> 자녀를 갖게 됨으로 더욱 깊은 사랑과 넓은 사랑으로 용서하고
> 이해하는 사랑을 배웠다면,
> 성도들을 만남으로 더욱 성숙한 사랑, 축복하는 사랑,
> 인내하는 사랑을 훈련하게 되었습니다.

사도 바울 또한 포기하지 않는 주님의 사랑에 늘 감사하였다. "내가 긍휼을 입은 까닭은 예수 그리스도께서 내게 먼저 일절 오래 참으심을 보이사 후에 주를 믿어 영생 얻는 자들에게 본이 되게 하려 하심이니라"(딤전 1:16) 오래 참음도 성령의 열매이다. 언제 변할 수 있을까? 남편이 언제 교회에 나올까? 너무 조바심 내지 말고 조금만 더 참아보자. 당신의 사랑이 포기하지 않는 사랑이라면 반드시 그 결실의 때가 있을 것이다.

매년 각 나라에서는 각국을 대표하는 미인들을 선발한다. 우리나라를 대표하는 미인을 우리는 '미스 코리아' 라고 부른다. 심사 기준에 수영복 심사도 포함된 것을 볼 때 한국을 대표하는 미인의 조건에 내적인 아름다움보다 외적인 것에 치중되는 것 같아 아쉽기만 하다.

그러나 '미스(터) 하늘나라' 선발대회가 있다면 진(眞) 은 분명 영적 메이크업을 충실히 한 주님을 닮은 자녀가 당선될 것이다. 그 주인공이 여러분이길 바란다.

거룩한 부자

> "오직 너희를 위하여 보물을 하늘에 쌓아 두라 거기는 좀이나 동록이 해하지 못하며 도적이 구멍을 뚫지도 못하고 도적질도 못하느니라" (마 6:20)

세계적인 석유왕이었던 록펠러(John.D.Rockefeller). 그는 지금 이 땅에 없지만 그 이름은 지금까지도 전 세계적으로 유명하다. 카네기재단과 포드재단과 더불어 인류 복지 증진을 위해 건립된 록펠러재단은 지금도 많은 사람들에게 도움을 주고 있다. 록펠러와 그의 가문이 지금까지 빛날 수 있었던 근간에는 신앙의 뒷받침이 있었다. 76세일 때 기자가 록펠러에게 물었다. "당신이 세계 최고의 부자로 성공하게 된 비결이 무엇입니까?" 이에 록펠러는 "어머니로부터 세 가지 신앙의 유산을 받은 것이 성공의 비결"이라고 말했다.

첫 번째 신앙 유산은 십일조 생활이다. 그의 어머니는 20센트씩 받은 용돈에서도 반드시 십일조를 하도록 가르쳤다. 록펠러는 회사를 운영하면서도 정직하게 십일조를 드렸고 회사의 십일조를 계산하기 위해 별도의 십일조 전담부서를 둘 정도였다.

두 번째 신앙 유산은 교회에 가면 맨 앞자리에 앉아 예배를 드리는 것이었다. 록펠러의 어머니는 아들의 손을 잡고 언제나 40분 정도 일찍 교회에 나와 맨 앞자리에 앉아서 예배를 드리곤 했다.

세 번째 신앙 유산은 교회를 다닐 때 교회의 일에 순종하고 목사님의 마음을 아프게 하지 말라는 어머니의 가르침이었다. 이렇게 록펠러는 98년 동안을 살면서 자신이 번 돈으로 록펠러재단을 세워 많은 사회사업과 선한 일을 하기에 힘썼고 24개 대학과 4928개의 교회를 지어 헌납했다.

거룩한 믿음의 부자가 먼저 되라

나는 개인적으로 우리 교회에서 거룩한 부자들이 많이 나왔으면 한다. 잠언 30장에 나오는 아굴의 기도를 보면 "곧 허탄과 거짓말을 내게서 멀리하옵시며 나로 가난하게도 마옵시고 부하게도 마옵시고 오직 필요한 양식으로 내게 먹이시옵소서"라고 기도한다. 부자가 되어도 내 욕심을 위해

쓰는 사람이라면 야굴과 같은 기도로 족하다. 그러나 내 안에 거룩한 소원이 있는 사람이라면 야베스와 같이 기도하여라. "원컨대 주께서 내게 복에 복을 더하사 나의 지경을 넓히시고 주의 손으로 나를 도우사 나로 환난을 벗어나 근심이 없게 하소서"(대상 4:10)라고 말이다.

성경에는 약대가 바늘 귀로 들어가는 것이 부자가 하나님의 나라에 들어가는 것보다 쉽다라고 말한다(마 19:24).

그래서 주님 앞에 부를 구한다는 것은 왠지 들어주지 않으실 기도같다는 생각을 하게 된다. 그러나 그것은 우리의 잘못된 생각이다. 위 말씀은 거룩한 부자를 빗댄 말이 아니라 땅에 재물을 쌓아두는 부자를 지칭하는 말이다. 주님은 우리에게 복 주시길 원하시는 분이다. 그런데 무조건 모두에게 구하는 것을 주시는 분은 아니다. 그 사람이 복을 받을 만한 합당한 그릇인지 아닌지를 먼저 보신다. 만약 그렇지 않다면 먼저 주님은 그를 훈련하신다. 부모도 마찬가지이다. 돈을 줘도 바르게 쓸 자식에게는 아무 염려 없이 달라는 대로 주지만, 돈을 주면 쓸데 없는 곳에 낭비하는 자식에게는 달라는 대로 줄 수 없다. 부모의 심정은 주님의 심정과 다를 바가 없다. 주님의 마음을 잘 대변해 주는 것이 부모의 마음이기 때문이다.

내가 주님 앞에 거룩한 부자가 되기를 꿈꾸는가? 먼저

나의 믿음부터 부자인지 확인해 보아라.

거룩한 부자가 되기 위한 필수조건

거룩한 부자가 되기 위해서는 필수조건이 있다. 바로 마음에 각을 뜨는 중심이 드려지는 십일조를 드려야 한다. 여기서 십일조는 첫 열매를 포함한 물질의 십일조 뿐 아니라 시간의 십일조인 새벽기도도 포함된다. 하루의 첫 시간을 기도로 시작하는 사람에게는 하루의 삶을 그에게 맡겨주시는 축복이 따른다. 주님이 맡겨주신 시간과 물질을 온전히 구분하여 드릴 때 그 사람은 거룩한 부자가 되는 자격이 갖추어지게 된다.

우리 교회의 한 자매도 거룩한 부자가 되기를 꿈꾼다. 그녀에게는 거룩한 부자가 되어야 하는 정확한 목표가 있다. 거룩한 부자가 되길 소원한다면 그 꿈을 위한 정확한 목표가 필요하다. 결국은 그것이 주님을 위한 일이어야 한다. 나의 거룩한 소원이 하나님의 사역을 위한 일이고, 선교를 위한 일이며, 다른 사람을 구제하기 위한 일이라면 주님은 당신에게 복에 복을 더하여 주실 것이다.

자녀를 위한 신앙교육

♡ 대학생이 된 딸에게 주는 메시지♡

1. 남자친구를 구하는 것에 목숨을 걸지 말아라.

하나님을 만나고 성령의 사람이 되기 위하여 먼저 목숨을 바치는 사역자가 되어라. 그것이 진정한 축복이다.

2. "돈을 많이 벌면 십일조 하겠습니다" 라고 기도하지 말아라.

지금 작은 것부터 철저히 십일조를 하면 하나님의 축복이 있단다. 아무리 적은 수입이라도 십일조를 잊지 말아라. 그러한 자가 큰 것도 감당하는 은혜를 누린단다.

3. 기독교 서적이나 일반 서적을 초월하여 될 수 있으면 책을 많이 사서 읽도록 하여라. 빌려 읽기보다는 사서 읽되 책 앞에 네 이름을 쓰도록 하여라.

4. 너가 다니는 학교는 하나님이 너에게 주신 선교지이다.

비난하지 말고 불평도 하지 말아라. 꿈과 희망을 찾으며 비전을 이루는 그루터기로 삼아라.

5. 하나님이 너에게 주신 비전과 사명을 자랑하고 선언하라. 그리고 끊임없이 기도하고 준비해라.

6. 예배에 빠지지 말고 늦지 말아라.

온전한 예배는 하나님을 가장 기쁘시게 한단다. 예배와 각종 모임에 끌려 다니지 말고 주변을 몰고 다니는 주도적인 삶을 살아라. 리더가 되는 축복을 받을 것이다.

7. 부레옥잠아!

너는 사랑받기 위해 태어난 사람이다. 또한 사랑을 주고 나누기 위해 존재하는 사람이다. 받은 것 이상으로 나누는 삶을 살도록 하여라. 이것이 곧 사명자의 삶이다.

8. 믿음 때문에 왕따를 당하는 것을 즐기도록 하여라.

너는 분명 왕 되신 하나님을 위해 따로 분리된 백성이다. 믿음으로 할 수만 있으면 모든 사람과 화평하도록 하여라. 그것이 너를 행복하게 할 것이다.

9. 열방의 영혼들을 품길 원하느냐?

그럼 열방의 언어인 영어를 깊이 있게 폭넓게 구사할 수 있도록 열심히 학문에 전념하여라.

《이 편지는 내가 올해 대학생이 된 딸에게 전해주었던 편지의 일부를 실은 것이다.》

성장을 위해 값을 치루는 자

"내가 모든 사람에게 자유하였으나 스스로 모든 사람에게 종이 된 것은 더 많은 사람을 얻고자 함이라"(고전 9:19)

2002년 12월 한국에 불어 닥친 로또의 열기를 기억하는가? 지금은 많이 그 열기가 식었지만 그 때 한국 사람들 중에 로또를 구입하지 않은 사람이 없을 정도로 그 열기가 대단했다. 그도 그럴 것이 앉은 자리에서 몇 백억원의 돈을 가질 수 있는 기회가 생기는데 누군들 귀가 솔깃하지 않을 수 있을까? 수고하지 않고 일확천금(一攫千金)을 노리는 데에는 크리스천도 예외일 수 없다. 소위 믿음 있는 사람이라고 해도 그들의 말을 들어보면 가관이 아니다. 그들은 복권에 당첨되면 그 돈으로 건축헌금을 하고 어려운 사람들을 돕는다고 자랑스레 대답한다. 그럴 때 나는 속으로 한참을 웃는다. 과연 주님은 그런 사람들에게 장하다고 떡~하니 1등을 당첨시켜 주실까? 이 세상 무엇도 댓가 없이 얻는 것은 없다. 반드시 값을 지불해야 하고 희생이 따르게 마련이다.

나는 절식과 금식을 자주 한다. 아니 우리 성도들 사이에서 나는 밥 먹는 날보다 안 먹는 날이 많은 사모로 통한다. 이것은 결코 나의 자랑을 위한 발언이 아님을 기억해 주길 바란다. 나라고 왜 먹고 싶은 것 다 먹고 싶지 않겠는가? 왜 금식을 하면서 고통이 따르지 않겠는가? 그러나 나는 이것이 값을 치루는 일이라고 생각한다. 내가 주님과 더 친밀한 관계를 맺고 주님의 뜻을 더 잘 분별하려면 내가 더 희생하고 부르짖어야 함을 알기에 나의 식욕을 절제하고서라도 주님 앞에 매달릴 수밖에 없다. 고통이 크면 클수록 그 열매가 달다는 것을 그동안 수없이 체험해 왔기에 나에게 이것은 주님과 나를 깊이 연결하는 나만의 방법인 것이다.

고린도전서 9장을 보면 사도 바울은 고린도교회 성도들을 향하여 사도의 권리와 의무에 대해 간절히 외친다. "내가 모든 사람에게 자유하였으나 스스로 모든 사람에게 종이 된 것은 더 많은 사람을 얻고자 함이라"(고전 9:19) 나 또한 사도바울과 같은 마음이다. 나를 절제하면서라도 내 영이 더욱 맑아지고 그로 인해 성도들이 주님께로 가까이 간다면 나는 더욱 나를 희생하는 일이 있더라도 감당할 것이다. 이것이 영적 성장을 위해 값을 치르는 일이고 내 사명이기 때문이다.

학생인생, 군인정신, 신부자격

가장 지혜로운 사람은 지식이 많은 사람도 아니요 학벌이 좋은 사람도 아니고 늘 배우려고 하는 사람이다. 배움에는 끝이 없다. 배움에는 나이를 초월한다. 늘 배우려고 하는 사람은 자신이 학생이라고 생각하며 살아간다. 이것이 바로 학생인생의 정신이며 그런 사람이 성장도 빠르다. 특히 그리스도인들이라면 주님을 닮고 배우기 위해 힘써야 한다. 되도록 교회에서 행해지는 모든 기회에 빠짐없이 참석해야 한다.

우리 교회에서도 성경을 깊이 알고자 하는 취지에서 매주 성경문제지가 나가고 있다. 얼마 전 70이 넘은 권사님이 한 번도 빠짐없이 성경문제를 푼다는 소식을 접하고 놀랐던 기억이 난다. 이것이 진정한 배움의 자세가 아닐까? 어떤 기회가 주어지든 열정을 가지고 배우려는 자세를 젊은이들이 본받았으면 좋겠다.

배움의 자세를 가지고 뭐든지 열심히 하는 것도 좋지만 기억해야 할 것이 있다면 겸손함을 잃지 말아야 한다. 세상의 학문도 그렇지 않은가? 조금 더 배웠다고 학벌이 좋다고 그렇지 않은 사람들을 무시하거나 우습게 여긴다면 그 배움이 오히려 그 사람에게는 독이 되어 버린 경우다. 벼이삭 정신으로 우리는 늘 겸손해야 한다. 주님이 가장 싫어하는 것이 교만이기 때문이다. "교만은 패망의 선봉이요 거만한 마음은 넘어짐의 앞잡이니라 겸손한 자와 함께 하여 마음을 낮추는 것이 교만한 자와 함께 하여 탈취물을 나누는 것보다 나으니라"(잠 16:18-19) 겸손한 마음을 가지고 배움의 값을 치루는 자에게 성장은 계속될 것이다.

또한 성장을 위해 값을 치루는 자들이 기억해야 할 것이 있다면 바로 군인 정신이다. 우리는 주님의 십자가 군병들이다. 군인에게는 사생활이 없다. 군인은 잠자는 시간조차도 정신적으로는 깨어 있어야 한다. 군에 입대한 자녀들을 생각해 보아라. 군대라는 곳에 입대하는 순간 그들에게는 자유가 박탈된다. 입고 있던 속옷까지도 집으로 돌려보내며 철저히 군대의 규칙에 따라 행동할 것을 강요받는다.

우리도 하늘나라에 속한 주님의 군사임을 기억하라. 우리의 대장은 주님이시다. 그리고 주님은 각 교회에 사령관으로 주의 종을 보내셨다. 대장되신 주님의 명령하에 우리는 목회자의 지휘에 따라야 한다. 눈에 보이는 적은 없지만 우리는 세상권세를 잡은 사단과 끊임없이 싸워야 한다. 조금만 틈을 준다면 사단은 금세 그 틈으로 우리를 공격할 것이다. 성장하는 사람이라면 늘 주님의 십자가 군병된 자로 깨어 있는 자이다.

"네가 그리스도 예수의 좋은 군사로 나와 함께 고난을 받을지니 군사로 다니는 자는 자기 생활에 얽매이는 자가 하나도 없나니 이는 군사로 모집한 자를 기쁘게 하려 함이라"(딤후 2:3-4)

당신이 처음 세례 받았던 날을 기억하는가? 잊었다면 기억하길 바란다. 그 날이 바로 우리가 약혼한 날이기 때문이다. 우리는 신랑되신 주님을 기다리는 신부이다. 많은 사람들 특히 교회에 나온 지 얼마 되지 않은 분들이라면 이 부분에 대해서 의아한 생각이 들 것이다. 여자들이 신부라면 이해가 가는데 남자들도 신부라니 라고 생각할 수도 있을 것이다. 그러나 이것은 그런 의미가 아니다. 주님을 기다리는 우리 성도들은 성별의 구분 없이 모두 신부이다. 신랑이신 주님은 하늘나라에서 처소를 예비해 놓고 신부인 우리를 기다리신다. 우리는 그 때까지 신부로서의 흠이 없도록 자격을 갖추고 있어야 한다.

신부의 매력이라면 바로 순백의 하얀 드레스처럼 정결함이 아닌가? 신부된 우리는 늘 정결함을 유지하여 주님 앞에서 떳떳하게 설 수 있길 바란다.

"우리가 즐거워하고 크게 기뻐하여 그에게 영광을 돌리세 어린 양의 혼인 기약이 이르렀고 그 아내가 예비하였으니 그에게 허락하사 빛나고 깨끗한 세마포를 입게 하셨은즉 이 세마포는 성도들의 옳은 행실이로다 하더라"(계 19:7-8)

영적 세계에 살고 있는 그리스도인들은 영적으로 성장해야 참된 만족과 기쁨을 얻게 된다. 눈에 보이는 물질만 추구하는 요즈음 영혼의 성장을 위해 끊임없이 배우고 깨어 있는 당신이 신랑을 맞이하는 신부의 아름다운 모습일 것이다. 예수님의 신부는 뱀처럼 지혜롭고 비둘기처럼 순결하다.

축복의 통로

"내가 진실로 진실로 너희에게 이르노니 한 알의 밀이 땅에 떨어져 죽지 아니하면 한 알 그대로 있고 죽으면 많은 열매를 맺느니라"(요 12:24)

1880년대 언더우드나 아펜젤러와 같은 외국인 선교사들에 의해 복음이 전해진 이후 100년이 넘었다. 지금은 미국 다음으로 세계에서 가장 많은 선교사를 파송할 정도로 기독교가 한국에 깊게 뿌리를 내리고 있다. 그러나 이런 결과가 나오기까지 복음을 정착시키기 위한 조상들의 수고를 무시하지 못한다. 그들은 자신이 한 알의 밀알이 되어 죽어짐으로써 그들의 가족과 가문이 대대로 축복이 대물림되기를 바랐을 것이다.

개척자, 씨앗, 열매

그들을 우리는 신앙의 개척자라 부른다. 지금 우리의 가정이 믿음의 가정이라 자신할 수 있는 뿌리를 찾아보아라. 분명 거슬러 올라가면 가족 누군가의 희생이 있었다. 그들은 모든 박해와 핍박을 견뎌내고 자신의 가문을 축복의 가문으로 만들기 위해 애썼다. 이런 1세대의 순교를 각오한 개척정신이 당신의 가문에 신앙의 토대를 마련한 것이다. 한 알의 밀알이 땅에 떨어졌기에 생명이 싹트는 기회가 된 것이다.

나 또한 어린 시절 기억을 되살려보면, 신앙을 지키기 위한 어머니의 생명을 무릅쓴 사투가 있었기에 지금의 내가 있다고 자부한다.

1세대의 이런 노력 뒤에 2세대는 헌신과 인내가 요구된다. 나무에 열매가 맺기까지 씨를 뿌려야 하고 가꾸어야 하는 것처럼 2세대는 인내와 수고의 노력이 필요하다. 그래야 3세대에서 열매가 따른다. 3세대는 섬기면서 그 열매를 나누어야 한다. 그럴 때 진정으로 축복받는 가문이 될 수 있다.

"내가 진실로 진실로 너희에게 이르노니 한 알의 밀이 땅에 떨어져 죽지 아니하면 한 알 그대로 있고 죽으면 많은 열매를 맺느니라"(요 12:24)

부끄러운 가문을 빛나는 가문으로

민수기에 나오는 고라는 레위의 증손, 고핫의 손자, 이스할의 아들이였다. 그는 또한 모세의 사촌이기도 하였다. 레위 지파내에서도 영향력이 있었던 고라는 성막을 돌보는 자신의 일보다는 지도자였던 모세와 제사장이였던 아론의 일이 탐났다. 그는 질투심과 명예심에 불타 당을 지어 모세와 아론의 지도 체제에 대하여 반역을 일으켰다. 그 일로 인해 고라뿐 아니라 많은 백성들이 죽게 된다.

이 일은 모세와 아론에게 대적한 일 이상의 의미를 지닌다. 곧 하나님의 권위에 대한 대항이기 때문이다. 지금 시대에도 고라 같은 사람이 넘쳐난다. 하나님이 세우신 주의 종을 대적하고도 부끄러운 줄 모르는 사람이 많다.

당신이 축복의 통로가 되길 원한다면 하나님을 대적하고 교회를 대적하고 주의 종을 대적하는 일은 피해야 한다. 그것은 축복의 통로가 아니고 저주의 통로가 되는 길이다.

특별히 나는 장로의 직분을 맡은 성도들에게 당부하고 싶다. 많은 장로들 중에는 섬김의 본이 되고 인격적으로도 훌륭한 분들이 많이 계신다. 하지만 개중에는 장로가 무슨 권세라도 되는 것처럼 행동하시는 분들도 있다. **하나님께서는 장로라는 직분을 말하기조차 아까워하실 정도로 귀하게**

생각하신다. 장로는 섬김을 받으려는 직분이 아니다. 세상에서처럼 명예의 자리도 아니다. 오히려 가장 낮아져야 하는 자리이다. 겸손해져야 하는 자리이다. 감리교에서 장로는 입교인 30명에 1명의 비율로 선출된 사람이다. 그만큼 30명 이상의 몫을 감당해야 하는 중요한 자리이다. 하나님께서 귀히 여기시는 우리 장로님들을 나는 늘 자랑스럽게 생각한다.

"장로님! 저희가 그곳으로 가면 장로님이 돌아가실 때까지 새벽제단은 반드시 쌓으셔야 합니다."

"물론입니다. 제가 무릎으로 기어서라도 반드시 그렇게 하도록 하겠습니다."

이곳으로 부임하기 전 목사님과 장로님께서 하셨던 말씀이다. 80세가 다 되어가는 연세에도 새벽제단을 쌓으시는 모습이 지금까지 우리에게도 큰 힘이 되고 있다. 그리고 뒤를 이어 현재 두 장로님 역시 섬김의 사람으로, 믿음의 장부답게 넉넉함과 너그러움으로 목회자의 절대 지지자가 되어주고 계신다

하나님은 만홀히 여김을 받는 분이 아니시다. 하나님은 위선과 형식을 싫어하신다. 그는 오직 정직한 믿음을 원하신다. 한 가정에 하나님 편에 서 있는 한 사람이 있다면 그

가정은 하나님께서 그 사람으로 인해 그 가정을 구원의 통로로 쓰실 것이다. 노아를 통해 그 가정이 살아난 것처럼 말이다. 당신은 축복의 통로이다. 당신을 통해 부끄러웠던 당신의 가문이 빛나는 가문으로 바뀔 것이다.

목적 안에서 하나되는 사역자

"우리는 하나님의 동역자들이요 너희는 하나님의 밭이요 하나님의 집이니라"(고전 3:9)

같은 뜻을 가진 사람들끼리 모여 강한 응집력을 나타내는 경우를 곳곳에서 보게 된다. 2000년에 발족한 '노사모'와 같이 특정인을 사랑하는 사람들이 모인 모임이라든지, 자신이 좋아하는 연예인을 위한 팬클럽에서부터 동아리 모임까지 그 형태도 다양하다.

서로 다른 성격과 성향을 가진 사람들이 이렇게 하나로 뭉칠 수 있는 것은 추구하는 목표가 같기 때문이다. 교회 또한 하나님이란 하나의 목표와 대상을 위해 그 분을 최고로 삼는 사람들이 모인 곳이다. 다른 어떤 목적보다 우리는 예수님을 붙잡고 있기에 세상의 모임과는 질적으로 다르다. 또한 그 무엇도 우리를 끊을 수 없다.

"높음이나 깊음이나 다른 아무 피조물이라도 우리를 우리 주 그리

스도 예수 안에 있는 하나님의 사랑에서 끊을 수 없으리라"(롬 8:39)

믿음 안에서 우리는 모두 하나님의 동역자들이다. 주님이 주신 은사대로 어떤 이는 사도로 어떤 이는 교사로 각각 자신에게 맡겨진 사명이 있다. 바울 서신이나 베드로 서신 등을 보면 사도들에게 있어 동역자들이 얼마나 고마운 대상인지 느낄 수 있을 것이다. 그들은 꼭 서신을 통해 동역자들에 대한 고마움을 잊지 않았다. 특히 사도 바울은 로마서 16장 한 장에 걸쳐 동역자들에 대한 고마움을 열거했다.

목사님 혼자만 잘한다고 목회가 성공하는 것이 아니다. 같은 뜻을 가지고 협력하고 신뢰해주는 동역자가 필요하다. 그것은 평신도도 마찬가지다. 나 혼자 열심히 신앙생활하는 것도 중요하지만 주위에 함께 할 믿음의 동역자의 중요함도 무시할 수 없다. 목적 안에서 하나 된 진실한 믿음의 스승, 친구, 동역자가 있다면 주님과 동행하는 길이 더욱 즐겁고 행복할 것이다.

믿음의 스승을 가져라

엘리사, 여호수아, 디모데의 공통점은 무엇일까? 바로

그들 뒤에는 훌륭한 스승이 있었다. 엘리사에게는 엘리야가 있었고, 여호수아에게는 모세, 디모데에게는 바울이 있었다. 우리를 이끌어 줄 수 있는 믿음의 스승이 있다는 것은 행복이다.

우리의 영원한 스승이기도 하신 예수님은 우리가 당신을 본받아 살 것을 원하셨고, 오히려 우리에게 당신보다 더 큰 일을 행할 수 있다고까지 말씀하셨다. "내가 진실로 진실로 너희에게 이르노니 나를 믿는 자는 나의 하는 일을 저도 할 것이요 또한 이보다 큰 것도 하리니 이는 내가 아버지께로 감이니라"(요 14:12)

여러분에게도 분명 믿음의 스승이 있을 것이다. 그것이 직접적인 하나님이 될 수도 있고, 목회자가 될 수도 있으며 평신도일 수도 있다. 그 대상이 어떤 분이든 당신은 그들과 1:1 관계를 맺어야 한다. 종합적인 관계가 아닌 개인적인 관계가 요구된다. 하나님도 우리의 하나님이 아닌 나의 하나님이 되어야 하고, 목사님도 우리 목사님이 아닌 나의 목사님이 될 때 나만의 1:1 스승이 될 수 있다. 특별히 여기에서는 믿음의 목회자를 가지기 위해 필요한 몇 가지에 대해서 조언하고 싶다.

가장 우선시 되어야 할 점이 있다면 바로 **신뢰감**이다. **나의 목회자에 대한 절대적인 신뢰가 필요하다.** 당신이 성장하길 원한다면 먼저 당신 교회의 목회자를 절대적으로 신뢰하고 순종하길 바란다. 물론 목회자도 사람이기에 실수하는 부분이 있다. 하지만 목회자를 사람으로만 생각하고 대한다면 절대 당신에게는 만족함이 없을 것이다. 하나님이 보내주신 종이라는 생각으로 어떤 경우에도 순종한다면 비록 목회자가 잘못한 경우일지라도 주님은 당신의 마음을 받으실 것이다.

다음으로 필요한 것이 바로 투명함이다. 지도자와는 당신이 솔직한 만큼 가까워진다. 많은 사람들이 자신의 좋은 점만을 부각하기 위해 단점을 드러내기 꺼려한다. 그러나 우리의 부족한 부분을 드러내야 치유도 빠르고 성장도 빠르다. 우리의 약점으로 인해 평생 날개를 펴지 못한다면 얼마나 불행한가? 내 약점을 하나님 앞에도 지도자 앞에도 거리낌 없이 드러내어 보아라. 그렇다면 그 약한 부분에 성령님이 오셔서 나를 승화시켜 주실 것이다. 목회자와의 투명한 관계는 자신이 숨기고 싶은 부분이라 할지라도 과감히 드러내는 것이다. 사소한 일이라도 가르침을 받는 자는 가르치는 자와 모든 것을 함께 해야 한다(갈 6:6).

마지막으로 필요한 것이 있다면 지도자의 징계는 사랑

이 원칙임을 믿어야 한다. 성숙하지 못한 성도는 목회자의 말 한마디에 삐치는 성도들이다. 그래서 어떤 목회자들은 성도들이 떠날까봐 두려워 성도들에게 싫은 소리는 절대 하지 않고 좋은 소리만 하는 경우도 많다고 한다. 우리가 목회자의 쓴소리가 사랑에 근거한 채찍이라는 것을 깨닫는다면 어떤 소리에도 흔들리지 않는다. 부모가 야단을 쳐도 자식이 부모가 사랑하기 때문에 야단을 친다고 생각해야 하는 것처럼 목회자의 징계도 다 성도를 사랑하기 때문에 하는 것이라고 믿어야 한다.

우리 교회의 한 성도는 이런 원칙에 철저하다. 목회자가 어떤 소리를 해도 우선은 "잘못했습니다. 죄송합니다"라고 말한다. 그의 이유인 즉 목회자가 혼낼 때에는 그럴만한 이유가 반드시 있다고 생각한단다. 그래서 이해가 안가는 부분이 있더라도 무조건 죄송하다고 말한다는 것이였다. 이런 사람은 지도자의 징계의 근본 원칙이 사랑이라는 것을 믿는 사람이다.

"내 아들아 주의 징계하심을 경히 여기지 말며 그에게 꾸지람을 받을 때에 낙심하지 말라 주께서 그 사랑하시는 자를 징계하시고 그의 받으시는 아들마다 채찍질하심이니라"(히 12:5-6)

믿음의 친구를 가져라

믿음 안에서는 모두 친구가 될 수 있다. 집사님이 권사님과, 성도가 장로님과, 성도와 목회자가 서로 서로 믿음의 친구가 될 수 있다. 믿음의 친구는 나이와 성별을 초월한다. 내 주위에 믿음의 친구가 얼마나 있나? 혹시 세상 친구들은 넘쳐나는데 정말 마음을 터놓고 깊은 신앙을 이야기할 수 있는 사람이 없지 않은가?

새 학년이 되면 아이들의 두려움 중의 하나가 새 친구를 사귀는 일이라고 한다. 왕따와 같은 문제가 사회문제로까지 대두되는 때에 친구를 쉽게 만들 수 있는 비법이 있다면 큰 인기를 끌 것 같다. 믿음의 친구도 그냥 뚝딱 만들어지지 않는다. 내가 그만큼 노력해야 하며 투자해야 한다. 내가 3가지 투자만 잘 한다면 여러분도 좋은 믿음의 친구를 만들 수 있다.

애정이라는 투자를 해 보자. 이것은 사랑이고 관심이다. 내가 상대방에게 형식적으로 대하는 것과 애정과 관심을 갖고 대하는 것은 차이가 난다.

상대방을 수용해라. 100% 전부 그 사람이 좋을 수는 없다. 때로는 내 생각과 다를지라도 그것조차도 수용할 때 당신은 좋은 믿음의 친구가 생길 것이다.

마지막 중요한 투자는 바로 인정함이다. 상대방을 그 자체로 인정해 주고 존중해 주어야 한다. 나보다 상대를 높일 줄 알아야 한다.

내가 애정, 수용, 인정함을 잘만 투자한다면 믿음의 친구라는 이자를 얻을 수 있다.

함께 일하는 동역자를 가져라

위대한 종교사상가이자 철학자였던 마틴 부버(Martin Buber)는 인간관계 유형을 세 가지로 분류하였다. 첫 번째는 상대방을 수단으로 이용하는 인간관계 유형이고, 두 번째는 내 기준으로 상대방과 관계를 맺는 인격적인 인간관계 유형이며, 세 번째는 주님의 심정적 관계로서의 인간관계 유형이다.

여기서 우리가 주의 깊게 살펴볼 관계는 세 번째 주님의 심정적 관계로서의 인간관계 유형이다. 다윗과 요나단, 바울과 실라, 바울과 브리스길라와 아굴라가 이런 심정적 관계의 사람들이였다. 이들의 관계는 '죽어도 좋은 사랑'의 관계였다. 동역자란 바로 이런 관계이다.

브리스길라와 아굴라가 바울의 사역을 위해 목숨까지도 내어 놓고 그를 도왔던 것처럼, 요나단이 자신의 생명을 걸고 사울로부터 다윗을 지키기 위해 애썼던 것처럼 우리도 하나님 나라를 위해 서로 함께 일할 동역자가 필요하다. 나는 특별히 그것이 부부라면 더욱 아름다운 관계라고 생각한다. 아나니아와 삽비라같은 부부가 아닌 브리스길라와 아굴라처럼 부부가 함께 동역하여 하나님의 일을 한다면 큰 축복일 것이다.

우리 교회의 20명의 베데스다 사역팀이 바로 목적 안에서 하나 된 사역자들이다. 그들은 오직 하나님께 영광을 돌리고, 목회자의 목회의 동역자로서 뜻을 같이 한 이들이다. 그들은 지도자를 절대 신뢰하며 절대 순종하고, 서로 주님의 심정적 관계를 가지고 주님을 위해서라면 교회를 위해서라면 목회자를 위해서라면 목숨까지도 내놓은 나의 든든한 동역자들이다.

거룩하게 튀는 크리스천이 되어라

"너희는 더욱 큰 은사를 사모하라 내가 또한 제일 좋은 길을 너희에게 보이리라"(고전 12:31)

우리 나라에서 사람이 많이 몰리기로 유명한 명동 거리를 나가보아라. 수많은 인파 속에서 자신을 드러내기 위한 모습도 다양하다. 형용할 수 없는 머리 색깔에서부터 짧은 미니스커트, 남자인지 여자인지 구분할 수 없는 외모 등 개성시대에 맞춰 자신을 표현하는 방법에 입이 딱 벌어질 정도이다. 과도하게 꾸며서라도 대중들 사이에서 튀기를 자청하는 사람들은 평범함을 거부하는 사람들이다.

그러나 나는 세상적으로 튀는 것뿐만 아니라 우리 크리스천들도 남들과 다르기를 바란다. 다만 우리는 무조건 튀는 것이 아니라 거룩하게 튀어야 한다.

평범함을 뛰어 넘어

러시아의 과학자 에프레모브는 “사람이 자기 두뇌의 절반을 사용할 수 있다면 아마도 40개국 언어와 큰 백과사전을 전부 암기할수 있을 것이다”라고 발표했다. 알고보면 위대한 사람들의 대부분이 처음부터 천재의 기질을 갖고 출발한 사람은 드물다.

미국의 백만장자 약 50%이상이 대학을 다니지 못했고 미국 상원 의원의 65%가 학교평균 성적이 하위급이며 인정받는 500개 회사 CEO들의 학교 성적도 C를 맴돌았다고 한다.

그러나 그들은 자기 현실에 안주하지 않았다는 것이 보통 사람, 평범한 사람과의 다름이다. 내게 주어진 운명이라 할지라도 그 운명과 싸워서 평범함을 뛰어넘겠다는 당찬 결심과 결단력이 탁월한 사람으로 가는 첫걸음이다. **특별한 존재의 사람(Somebody)**이 되길 원하는가? 아니면 **별 볼일 없는 사람(Nobody)**으로 살 것인가? 그것은 당신에게 달려 있다.

특별한 존재로 산다고 결단하였지만 우리의 의지는 쉽게 무너질 수 있으며 지탱할 힘이 약하다. 하지만 쉽게 갈수 있는 길이 분명히 있다. 바로 하나님의 손에 붙잡혀 그 분의 절대적 지지를 받는 일이다. 이것이 곧 믿음이요 신앙이다. 하나님은 보통 사람을 훈련시켜서 당신의 탁월한 일꾼으로 쓰신다. 그분이 부르실 때 거절하지 말아라. 당신의 인생이 바뀔 수 있는 절호의 기회이다.

우리 교회 또한 보통 사람을 훈련시켜 탁월한 일꾼으로 쓰시는 주님의 정신을 본받아 이 일에 전심전력하고 있다. 그러다보니 성도들은 자신의 존재 가치와 사명을 발견하게 되고 내 안에 무궁무진한 주님의 계획을 느끼게 된다. 이것이 그들이 매주 2시간이 걸려도 배를 타고 섬에 있는 우리 교회에 오는 이유이다. 이런 이유를 모르는 사람들은 하나님이 그 교회만 있냐고 비난하지만 그들은 자신이 몰랐던 비전을 찾아주고 그 비전을 이루기 위해 기도하며 주님의 뜻을 찾는 지도자를 믿고 이 교회로 향한다.

독창적 지혜, 거룩한 바보, 확신에 찬 일관성

평범함을 거부하는 사람에게는 독창적인 지혜가 있어야 한다. 지식은 내가 노력해서 습득할 수 있는 것이지만 지혜는 다르다. 아무리 사람이 지혜가 뛰어난 들 하나님의 지혜만 못하다. 솔로몬은 하나님이 무엇을 원하냐고 물으셨을 때 주저없이 지혜라고 대답했다. 우리도 지혜를 구해야 한다. 그것도 탁월하게 독창적인 지혜가 있을 때 그 사람은 거룩하게 튀는 크리스천이 될 수 있다.

때로는 우리가 바보가 되어야 할 때도 있다. 우리는 하나님의 진리 앞에서는 바보가 되어야 한다. 세상 것에는 어떤 것도 타협하지 않고 묵묵히 주님의 뜻만 따르는 그런 거룩한 바보가 되어야 한다. 세상 사람들은 술을 입에 대지 않는 크리스천들을 보고 한심하다고 생각할지 모르나 우리는 하나님의 거룩한 전인 내 몸을 지키기 위해 어떤 모욕적인 말을 듣더라도 때론 거룩한 바보가 되어야 한다. 세상 기준에 따라 너무 따지지 말고 살자. 사소한 것 진리가 아닌 것에 목숨 걸지 말자. 그냥 세상 소리에는 두 눈과 귀를 막고 거룩한 바보처럼 하나님만 바라보고 사는 것도 좋지 않을까 싶다.

사람들은 내가 알고 있는 사실이 확실하다면 자기의 주장을 꺾지 않는다. 어떤 유혹과 상황에도 자신이 맞다는 것을 고수한다. 신앙인도 마찬가지이다. 확실하다면 일관성을 가지고 행동해라. 평범함을 뛰어 넘은 탁월한 사람은 쉽게 요동하지 않으며 변함없는 모습을 보이게 된다.

큰 일을 감당하는 사람은 작은 일에도 충성하며 최선을 다한다. 평범함을 거부하길 원하는 당신이라면 지금 나에게 맡겨진 작은 일에서부터 감사하며 성실하고 즐겁게 그리고 탁월하게 사명을 감당해라. 분명 작은 것에 충성하는 자에게 주님은 큰 것으로 채워주실 것이다.

내 안의 거인을 깨워라

당신 안에는 무엇이든지 할 수 있는 거인이 잠자고 있다. 그러나 그 거인을 깨우기 위해서는 무엇보다도 자기 자신을 정확하게 알기 위한 노력이 필요하다. 자신의 약한 부분과 강함, 단점과 장점, 계발되어 성장되는 부분과 미계발되어 잠재된 부분 등 자신을 연구하고 분석해야 한다.

자기 자신을 아는 사람은 죽은 자를 일으키는 사람보다 더 위대하다. 자기의 죄를 위해 한 시간을 진실로 울부짖는 사람은 온 세상을 지배하고 가르치는 사람보다 더 위대하다. 자신의 약함을 알고 보안해 가는 사람은 천사를 능가하는 거인이 될 것이다. 믿음의 거인, 신앙의 거인이 되기 위해서는 믿음을 행동으로 옮겨야 한다.

그러기 위해서는 적극적인 형태의 결단이 필요하다. 하

나씩 이루어가고자 하는 결단이 필요하다. 이런 작은 결단들이 자신을 놀랍게 변화시키게 될 것이다. 우리 안에 거인 곧 하나님의 형상인 자아는 우리의 결단으로 인해 감동받고 자극받기를 기대하고있다. 당신의 무한한 잠재력을 갉아먹는 포기, 좌절, 안주, 쾌락, 중독된 습관을 버리기로 결단하라. 반대로 당신의 잠재력을 성장시킬 긍정적인 일을 하나씩 실천에 옮겨보기로 결단하라. 아마도 당신은 세상을 변화시킬 만한 거인으로 탈바꿈 하게 될 것이다.

우리는 평범함으로 만족하지말고 킹카가 되어야 한다. 영원한 친구이신 주님이 우리의 후원자라면 불가능은 없다는 것을 잊지 말아라.

"내게 능력주시는 자 안에서 내가 모든 것을 할 수 있느니라" (빌 4:13)

은사 찾아주기

하나님의 사랑은 상한 갈대도 꺾지 아니하시고 꺼져가는 심지도 끄기를 주저 하시는 사랑이다. 한 가지의 가능성만 있어도 그 가능성이 하나님께 드려진다면 오병이어의 축복으로 온전하게 사용하실 것이다.

나 역시 어릴 적 콤플렉스가 많고 자신감이 많이 결여되어 있었지만 하나님의 사랑의 손에 붙들리자 내 안의 가능성을 찾아주시고 작은 재능일지라도 은사로 사용해 주셨다. 이 모든 것이 하나님의 섭리와 예수 그리스도의 은혜, 성령님의 절대지지가 아니면 불가능했다.

나는 내가 받은 사랑을 토대로 하여 우리 성도들에게도 자신 안에 잠자고 있는 재능 곧 은사를 찾아줌으로 가치 있고 의미있는 인생 여정을 걷게 하고 싶다.

하나님께서는 목회자가 주님의 심정으로 양떼를 돌볼 때 하나님의 시선으로 영안을 열어 주신다. 특별히 성도들이 9가지가 부족해도 1가지만 잘한다면 그 한가지로 인해 흐뭇하게 최선을 다하게끔 격려해주는 마음도 성령님께서 주셨기에 가능한 것이였다.

우리 사역팀에서 가장 먼저 사역했던 부분도 은사를 찾아주는 일이였다. 지도자가 일방적으로 찾아주는 것보다 먼저 자신이 기도하게 함으로써 직접 하나님의 뜻을 찾도록 했나. 그리고 지도자와 일치시킬 때 지도자의 일방적인 것보다 훨씬 효과적이었다.

그 다음 은사 계발을 위한 작업이 내 안의 불순물과 가시덩굴, 잡초를 제거하는 훈련이였다. 내 안에 가능성은 있지만 상한 마음, 부정적 감정 등으로 인해 은사 계발에 어려움이 있기에 이 부분을 놓고 훈련한 결과 자신의 삶이 전인적으로 변화되는 체험을 하게 되었다.

최소한 훈련받는 자들의 공동체에서는 시기, 질투, 미움, 불평 등은 찾아볼 수 없다. 어떤 이는 기도의 은사가 있어 하루에 세 시간 이상 기도하므로 영적 은사자로 목회자의 지도 아래 사역을 감당하기도 하고, 어떤 이는 치료자로 영과 육을 함께 돌보는 섬김이 기본된 사랑을 회복하게 되었다.

개인적 은사를 찾아주니 모두가 다 주인공이 되기도 하고 모두가 다 조연이 되기도 한다. 자신만의 것이 있으되 협력자임을 깨닫는 믿음이 신앙의 인격까지 세워져 감을 흐뭇하게 생각한다. 한 나무가 재목이 되기까지 많은 세월이 필요한 것 같이 한 인재를 발굴함에도 긴 여정이 필요한 사람도 있다.

모세가 쓰임받기까지 80여년 세월이 필요했던 것처럼 소망을 품고 비전의 씨앗을 심으며 열정적 사랑을 갖고 꿈과 희망을 품은 자들도 있다. 아직 온전히 이루어진 것은 아니지만 오늘도 그들에 대한 나의 비전은 곧 우리 교회의 비전이기도 하다. 믿음은 약했지만 늘 긍정적이었던 사람. 그 한 가지에 소망을 두고 하나님께 거목으로 쓰임받기까지 달려갈 길을 멈추지 않을 것이다. 지금은 반신반의하지만 분명 영적인 사람으로 이렇게 변화되리라 기대해 본다.

세상 그 어떤 자리보다 은혜의 자리를 사모하는 자
나의 모든 것이 주님 것임을 고백하는 자
계산적 순종이 아닌 절대 순종하는 사람
새벽을 깨우는 기도의 사람

나는 오늘도 행복합니다

"너는 물 댄 동산 같겠고 물이 끊어지지 아니하는 샘 같을 것이라"(사 58:11)

꿈을 가진 자는 꿈이 없는 자보다 행복하고 꿈을 이룬 자는 이 세상을 다 가진 자처럼 행복하다. 어린 시절부터 내 마음에 확고히 자리 잡았던 사모라는 꿈을 나는 지금 이루었고, 또한 지금도 그 꿈을 이루어 가고 있다. 목회라는 것이 세상에서 가장 힘든 일이라고들 하지만 나는 다시 태어나도 사모가 되고 싶을 정도로 내 자리를 소중히 생각하며 산다. 그것은 목사님인 나의 남편도 마찬가지이다. 해피맨이라는 애칭을 가지고 있는 남편 또한 주님이 주신 목회자라는 사명에 최선을 다하며 행복한 목회를 하고 있다.

행복이라는 것이 모든 원하는 바가 이루어졌을 때 느끼는 감정이라면 우리에게는 행복할 조건이 그다지 많지 않다. 그러나 어떤 상황 속에서도 주님의 마음과 뜻을 발견하려고 애쓰고 감사의 조건을 찾으니 행복은 어느새 나에게 와 있었다. 내가 행복을 찾으려 애쓰지 않았어도 주님의 뜻을 나의 마음에 받아들이니 그것이 행복이였다. 무(無)에서 유(有)를 창조하시는 하나님, 불가능을 가능으로 바꾸시는 하나님을 믿고 전적으로 그분을 의지한 것이 그 길이였다.

지금도 주님이 친히 세우신 많은 목회자들이 힘든 하루하루를 보내고 있다. 사명보다는 형식에 이끌려 목회하시는 분들, 사명은 불타오르나 환경적인 억압에 의해 그 날개를 펴지 못하시는 분들, 물질적 어려움으로 인해 고생하시는 분들, 영적으로 억눌린 분들...

하나님이 가장 기뻐하시는 교회는 빅 사이즈(big size) 교회도 아니요 엘리트(elite) 교인들로 구성된 교회도 아니다. 주님은 오늘도 선한 목자가 있는 교회를 찾으시고 기뻐하신다. 나 또한 우리 교회의 치료 사역을 통해 목회자들이 전인적인 건강을 되찾을 때 가장 행복하다. 목회자 하나가 살면 그 밑의 수많은 성도가 살 수 있는 희망이 생기기 때문이다.

어둡고 망망한 바다 한 가운데서 내 작은 깨달음들이 많은 주의 종들에게 등대가 되길 소원하며 내가 행복한 목회를 할 수밖에 없는 몇 가지 진리들을 소개하고자 한다.

첫째, 협력자는 기억하고 찌르는 자는 잊어버린다.

교회라고 해서 은혜로운 성도들만 모인 곳은 아니다. 양들 속에 염소도 있기 마련이다. 정말 몸을 사리지 않고 헌신하는 자들도 있지만 비판하는 자도 있고, 불평하는 자도 있으며 어떻게 하면 목회자의 허점을 가지고 공격할까 촉각을 곤두세우는 자들도 있다. 100명의 성도들이 있지만 정말 목회자를 대하는 모습들은 저마다 다르다. 100여명 되는 성도들도 이러한데 대형교회에서 목회하시는 분들의 그 고충은 말로 다 할 수 없을 것이다.

그러나 이것은 마음먹기에 따라 다르다. 내가 포인트를 어디에 두느냐에 따라 어떤 목회자는 죽도록 힘들 것이고, 어떤 목회자는 행복할 것이다. 나는 후자를 택했다. '원수는 물에 새기고, 은혜는 돌에 새겨라' 라는 말처럼 나는 목회자와 함께 목숨을 각오하고 헌신하는 협력자들은 내 심장에 새기고, 나를 찌르는 자는 잊는 방법을 택했다. 그렇다고 염소들을 포기해서는 안된다. 목회자가 제외할 수도 없고 끌어안을 수도 없는 성도라도 그것은 목회자에게 주신 훈련으로 생각하길 바란다. 사랑하기 힘든 성도도 끝까지 사랑으로 녹여라. 하나님의 때가 되면 그런 성도 역시 더 큰 사람이 되리라 믿어 의심치 않는다.

둘째, 진리가 아니면 다투지 않으려고 한다.

나는 부족한 점이 많은 사람이다. 장점보다 단점이 더 많다. 잘하는 것보다 못하는 것이 더 많다. 그러나 나는 나의 부족한 점에 마음을 쏟지 않는다. 못하는 것은 못하는 대로 인정해 버리고 자유로워지니 문제될 일이 없었다. 화낼 일도 없고 다툴 필요도 없어졌다. 많은 목회자들이 성도들 앞에서 완벽한 모습을 보여주려 하는데서 성도들과의 문제가 발생된다. 그러나 성도들 앞에서 나의 단점을 당당하게 고백해 보아라. 단점을 숨기려 과장하거나 포장하지 않길 바란다.

목회자 또한 인간이기에 부족할 수밖에 없다. 그래서 성도가 동역자가 되어야만 한다. 나 또한 나의 단점을 성도들 앞에 당당히 드러내니 마음이 편했다. 오히려 나의 부족함을 채워주는 성도들 하나 하나가 귀하게 여겨질 뿐이다. 우리는 늘 사택을 개방한다. 되도록 교회와 사택은 멀리 있어야 된다고 생각하는 분들도 있지만 내 생각은 다르다. 사택은 교회와 가장 가까워야 하며 성도들이 도움이 필요할 때 쉽게 발걸음을 옮길 수 있어야 한다. 사택을 개방하는 것 역시 나의 단점에 대해서 자유로워질 수 있는 부분이다. 어떤 의미에서 나의 단점을 부끄러워하지 않기에 당당히 개방할 수 있다.

목회자가 완벽하지 않다는 것은 그만큼 성도들이 채워 주어야 할 부분이 있다는 것임을 알기에 성도 하나 하나가 귀하게 여겨진다.

셋째, 주머니 끈을 풀어 놓고 목회를 하려고 힘쓴다.

예수님께서는 이 땅에 섬김을 받으러 오신 것이 아니라 섬기기 위해 오셨다. 목회자 또한 마찬가지다. 내 마음에서부터 내 주머니까지 풀어 놓고 목회할 때 진정한 카리스마가 전달 될 수 있음을 깨달았다. 카리스마는 사랑이 전달되고 지도자의 위치에서 섬김의 본이 될 때 가능한 것이였다. 성도들의 기쁨에 제일 먼저 기뻐하고, 성도들의 어려움에 내 주머니에 있는 마지막 동전까지 털어주고 싶은 마음 그것이 주머니 끈을 푼 목회이다.

넷째, 중간결산 하지 않으려고 한다.

많은 목회자가 범하는 큰 오류 중 하나가 성도들을 내 기준으로 판단하고 정죄하는 일이다. 나는 성격이 매우 급한 편이다. 무엇이든지 속전속결(速戰速決)로 해야 한다. 해야 할 일이 떠오르면 밤을 새워서라도 끝내야지 질질 끄는 꼴을 못 보는 사람이다. 그러다 보니 쉽게 포기해 버리는 큰 단점이 있었다.

성도들을 훈련하면서도 내 기대에 못 미치는 사람, 열심히 훈련해도 진전이 없이 엇나가는 성도들을 보고 있자니 포기해 버리고 싶은 마음이 굴뚝같이 든다. 그러나 이런 내 마음을 아시는 주님은 "중간 결산 하지 마라! 주인인 내가 포기하지 않는데 어떻게 종 된 네가 포기할 수 있느냐?"라고 되물으신다.

그러고 보니 나에게는 성도를 정죄할 권한도, 심판할 권한도 없었다. 모든 결과는 주님께 맡기고 나는 그저 내게 주신 성도들에게 최선을 다해야 한다는 것을 깨닫고 보니 모든 성도는 내가 돌봐야 할 양떼였다.

다섯째, 인정으로 하지 않고 진리로 사역하려 한다.

오늘도 주님께 감사한 점이 있다면 혈육이나 인정에 끌리지 않고 성도들을 대할 수 있는 마음을 주신 것이다. 내 형제나 자매보다 지금 내 옆에 있는 성도들이 더 귀하고, 내 옆에서 헌신하는 자들이 있을지라도 특정인들과 인정으로 매이지 않는다.

내가 인정에 매여 목회를 했다면 모든 성도들을 돌아보기보다는 잘하는 성도들에게만 시선이 고정되었을 것이다. 그러나 아무리 잘하는 성도라 해도 진리에서 벗어난 행동을 했을 때에는 인정에 매이지 않고 잘못된 점을 지적하고 바로잡아 준다.

주님께서도 누가 내 모친이며 동생들이냐, 누구든지 하나님의 뜻대로 하는 자가 내 형제요 자매요 모친이라고 말씀하신 것처럼 나 또한 인정에 매이지 않고 하나님의 진리대로 목회할 수 있었던 것이 행복한 목회의 지름길이였다.

협력자는 기억하고 찌르는 자는 잊어 버려라.
진리가 아니면 다투지 말라.
주머니 끈을 풀어 놓고 목회해라.
중간 결산하지 말라.
인정으로 하지 말고 진리로 해라.

이것들이 나의 목회를 행복하게 했던 나름대로의 모토요 비결이지만 이것들을 깨달을 수 있었던 것은 전적으로 성령께서 부족한 나와 함께 하셨기 때문이다. 내가 성도들을 위해 기도할 때 성령께서 더욱 사랑할 수 있는 마음을 주셨고, 내가 지쳐서 포기하고 싶을 때 성령께서 다시 한 번 그 사람에 대한 비전을 놓지 않게 하셨다.

목회자가 성도들을 사랑할 수 없다면 더 이상 목회자가 아니다. 주님도 나를 사랑하셨기에 그 핍박과 조롱, 고통 속에서도 십자가를 지신 것처럼 앞으로 많은 어려움도 있겠지만 나 또한 성도들을 사랑하기에 모든 것을 기쁘게 감당할 것이다.

주님! 나는 오늘도 행복합니다.

사랑은 능력이다

> "하나님이 우리를 사랑하시는 사랑을 우리가 알고 믿었노니 하나님은 사랑이시라 사랑 안에 거하는 자는 하나님 안에 거하고 하나님도 그 안에 거하시느니라"(요일 4:16)

인간은 자기 몸을 보는 관점에 따라 삶의 철학이 달라진다고 한다. 이교도들은 육체를 영혼의 감옥이라고 생각하며 끊임없이 세상의 유혹을 받을 수밖에 없는 죄가 가득 담긴 곳이라고 생각한다. 그렇기에 육체를 천대하고 경시한다. 그 반면에 자신의 몸 곧 육체를 영광스럽게 생각하는 사람들도 있다. 그래서 보여지는 외모가 전부인 양 행동한다. 정신적, 영적인 것까지도 외적인 것에 포함시키려 한다. 어떤 사람은 자신의 다리뿐 아니라 신체 부분 부분에 보험을 든다고 한다. 이렇듯 사람들이 너무 외모지상주의로 흘러가다보니 육체가 신격화되고 있는 안타까운 모습들을 보게 된다. 진정한 삶의 의미도 모른채 오로지 외모가 삶의 표준이 되어버린 이 시대의 모습이 새로운 우상을 만들어 버리는 것 같다.

성프란시스코는 당나귀의 다음과 같은 특성 때문에 인간의 육체를 당나귀와 같다고 말한다. 당나귀는 쓸모가 있지만 억세다. 당나귀는 억세지만 게으르다. 당나귀는 끈기는 있지만 고집스럽다. 당나귀는 사랑스럽지만 주인의 성질을 돋우기도 한다. 그래서 인간의 육체는 당나귀와 형제다. 주인이 당나귀를 당근과 채찍으로 훈련하는 것처럼 당나귀와 한 형제인 인간에게도 칭찬과 격려 곧 채찍의 훈련이 필요하다고 보는 것이다. 성프란시스코와 같은 입장의 사람들은 인간은 적절한 훈련없이 온전해질 수 없으며 또한 적절한 훈련을 통해서 온전해 질 수 있음을 암시한다.

인간이 자기 육체를 보는 관점을 여러 가지로 살펴보았듯이 우리는 온전할 수 없는 존재이다. 처음부터 완벽한 존재가 아니다.

나를 먼저 사랑하자

하나님은 사랑이시다. 물론 맞는 말이다. 그러나 하나님은 사랑의 본체이시지만 무조건적으로 사랑하시지는 않는다. 하나님도 질서에 따라 진리 가운데서 사랑하신다. 주님은 우리에게 "내 몸을 사랑하는 것처럼 사랑하라"고 말씀하셨다. 곧 나를 먼저 사랑하고 나를 사랑하는 만큼 다른 사람을 사랑하는 것이 주님이 원하시는 방법이다.

여러분은 나 자신이 좋습니까? 나 자신을 사랑하십니까? 프롤로그에서도 고백했듯이 나는 내 자신이 너무 사랑스럽다. 객관적으로 보면 정말 사랑할 수 있는 요소가 많지 않다. 외모에 대한 콤플렉스가 심했던 나는 내 자신이 너무 좋아졌다. 하나님이 나를 사랑하시기에 그 사랑을 받는 나는 특별한 존재라고 생각하며 사랑하지 않을 수 없다는 것을 깨달았기 때문이다. 내가 나를 사랑하다 보니 나를 사랑하는 만큼 다른 사람들도 사랑하게 되었다.

우리는 먼저 나 자신부터 사랑할 수 있어야 한다. 다른 사람은 사랑의 대상이 되면서도 정작 나 자신에 대해서는 사랑에 관대하지 못하다면 그 사랑은 조금 위험한 요소가 있다. 내 모습이 조금 부족한 것 같지만 하나님은 나를 당신의 최고의 작품으로 만드시고 보시며 심히 좋았다고 말씀하지 않으셨던가? 내 모습 이대로의 나를 사랑하자!

> 어리석은 개미는 자신의 몸이 작아
> 사슴처럼 빨리 달릴 수 없음을 한탄하고,
> 똑똑한 개미는 자신의 몸이 작아
> 사슴의 몸에 붙어 달릴 수 있음을 자랑으로 생각한다.
>
> 어리석은 사람은 자신의 단점을 들여다보며 슬퍼하고
> 똑똑한 사람은 자신의 장점을 찾아내어 자신을 표현한다.

사랑의 현주소

한국 사람들은 외국 사람보다 사랑을 표현하는데 서툴다. 여러 가지 요인이 있겠지만 그 중의 하나가 문화적인 요소이다. 특히 체면을 중시하는 한국사회에서는 부모님들이 자식들이나 어른들 앞에서 사랑의 표현을 거의 하지 않았다. 애정 표현을 하는 것은 천박한 행동을 하는 것인 양 비추어졌다. 또한 가난한 사회적 분위기가 오로지 일하는 것에 목적을 두게 했고 사랑타령은 사치스러운 것이라고 생각했다. 그러나 사람이 어찌 일하기 위해 태어났는가? 사람은 사랑하기 위해 사랑받기 위해 존재함을 알아야 한다. 마지막으로 한국 사람들이 사랑에 서투른 이유는 역기능적인 가정의 영향이다. 사랑은 먼저 가정에서 부모를 통해 배워야 하는데 우리는 언어적 폭력 등에 시달리며 자랐기에 사랑에 서투른 것이다.

비록 우리가 사랑에 서투른 문화에서 자랐지만 사랑을 배워야 한다. 신앙과 성경의 결정체인 사랑을 배우고 알아야 인격이 완성되고 신앙이 완성될 수 있다.

사랑에는 3단계의 사랑이 있다. 첫 번째 단계의 사랑은 잘못된 문화에서 비롯된 이기적인 사랑이다. 이는 의존적인 사랑의 모습을 갖고 있다. 사랑이라는 굴레 안에서 상대방을 의존하게 만든다. 의존과 사랑이 비슷한 것 같지만 깊숙이 들어가면 엄연히 다르다. 이는 자신의 부족한 모습을 상대방에게 의존함으로써 자신이 완벽하고자 하는 이기적인 마음에서 출발한 사랑이다. 예를 들면, 아버지 사랑을 충분히 받지 못했던 딸이 남편으로부터 아버지의 사랑을 받고 싶어 한다거나 반대로 어머니의 사랑을 충분히 받지 못했던 아들이 아내로부터 어머니의 사랑을 받고 싶어하는 경우다. 그러나 이런 의존적인 사랑으로 온전한 사랑을 이룰 수 없다.

또한 이기적인 사랑으로 집착과 소유가 있다. 상대방에게 너무 집착하다가 그 사람에게 적절한 사랑의 반응이 오지 않는다면 우울증에 빠지고 허무감에 빠질 수도 있다. 진정한 사랑은 집착이 아니라 둘이면서도 하나이고, 하나이면서도 둘인 사랑이다.

마지막으로 성실과 진실이 온전한 사랑이라 착각하지 않길 바란다. 이것은 자칫 우리에게 사랑의 모습으로 비추어질 수 있다. 그러나 성실과 진실은 사랑의 기술을 위해 중요한 덕목은 될 수 있으나 그것 자체만의 감정으로는 갈증을 느낄 수 있다.

우리가 이처럼 의존, 집착과 소유, 성실과 진실의 모습으로 이기적인 사랑을 할 때 우리는 분리감, 지배감, 무책임 등의 감정을 느낄 수 있다.

이기적인 사랑을 넘어서 2단계의 사랑은 성숙한 사랑이다. 이 사랑은 겸손한 사람만이 할 수 있다. 우리는 겸손이라는 것이 나를 낮추는 것이라고 생각하는데 그것이 전부는 아니다. 진정한 겸손이란 나를 낮추는 것보다 다른 사람을 더 높여주는 것이다. '나 같은 것이 뭐~' 라고 말하는 사람은 겸손한 사람이 아니라 못난 사람이다. 겸손한 사람의 성숙한 사랑은 자기 자신을 드러내는 것보다 다른 사람을 더 드러낸다.

성숙한 사랑을 하면 감정적으로 결합한다. 곧 정신적 결합을 통해 공감을 하고 지지해 준다. 내 생각, 내 감정만을 고집하는 것이 아니라 상대방의 감정을 이해하며 다른 사람과 나를 같은 눈으로 바라보는 동등성과 상호존중성의 마음이 생기게 된다. 또한 상대방을 자기화 시키려고도 하지 않는다. 그 사람이 자신만의 인생을 개척할 수 있도록 도와준다.

나 또한 개성이 강한 사람이다. 늘 목사님에게 감사한 점이 나의 독특함을 인정해 주며 존중해 주었다는 사실이다. 목사님의 기준에 맞추어 나를 변화시키려하기 보다는 나의 독특함을 살려 강점으로 일할 수 있도록 도와준 것에 감사한다.

이렇듯 성숙한 사랑을 하게 되면 의무와 책임감을 느끼게 된다. 내가 있으므로 상대방이 행복해질 수 있다는 책임감을 가지고 있다. 또한 성숙한 사랑을 하면 선해진다. 악한 사람이라 할지라도 성숙한 사랑을 하면 죄악의 뿌리가 뽑아지고, 상한 마음 치유되며 선해진다. 마지막으로 성숙한 사랑을 하는 사람은 감정적이고 낭만적이며 로맨틱한 시인이 된다.

사랑의 결정판, 은사적 사랑을 하라!

이기적 사랑, 성숙한 사랑이 자연적 사랑이라면 우리는 이 사랑을 위해 오늘까지 존재한다. 바로 은사적인 사랑이다. **이 사랑은 하나님으로부터 오는 선물적인 사랑이다. 은**

사적 사랑은 곧 자비. 긍휼함이 포함된 사랑을 말한다. 기독교는 사랑의 종교이자 자비의 종교이다. 이 사랑은 곧 능력이기에 아무나 할 수 없다. 자비의 사랑을 하는 사람은 세상을 정복할 능력을 가지고 있다. 돈이 많다고 해서 권력이 있다고 해서 세상을 정복하는 것이 아니라 자비의 사랑을 실천하는 사람이 진정한 세상의 정복자이다. 이런 자비의 사랑은 상처가 치유된 사람만이 할 수 있다. 내 안에 콤플렉스를 뛰어 넘지 못한 사람이라면 먼저 상처를 치유하길 바란다.

또한 이 자비의 사랑은 책임 있는 사람이 할 수 있는 사랑이다. 모든 것을 다 바치고 기꺼이 줄 수 있는 유쾌한 거지가 된다. 내 것을 남겨 놓고 주는 것이 아니라 모든 것을 다 주고도 더 줄 수 없어 미안한 사랑이 바로 자비의 사랑이다. 남자가 책임 있는 사람이 되기 위해서는 십자가 정신이 필요하다. 이것은 곧 겸손으로 섬기는 무릎정신이기도 하다. 남자들이 가정에서나 사회에서 존경받길 원한다면 하나님과 이웃을 먼저 섬길 줄 알아야 한다. 권위만 내세우며 섬김을 받으려 하지 말아라. 먼저 내가 낮아지며 섬길 때 그 인격은 더욱 돋보이게 된다. 십자가의 정신을 몸소 보여준 예수님처럼 말이다.

십자가의 정신으로 살아가기 위해서는 남자들은 공급

자가 되어야 한다. 사랑의 공급자가 되어야 한다. 또한 화해자가 되어야 한다. 예를 들면 아내와 어머니의 고부간의 갈등에서 남자는 무조건 어머니 편도 아내편도 아닌 화해자로서의 역할을 감당해야 한다.

이에 반해 여자들에게는 갈비뼈정신이 필요하다. 우리가 누구인가? 남자의 갈비뼈를 취해 만들어진 존재가 아닌가? 여자들이 아무리 날고뛰어도 여자들은 돕는 자이다. 나 또한 보여지는 면은 강한 이미지가 있지만 내 생각 속에는 언제나 나의 위치는 목사님을 돕는 자라는 마음에는 변함이 없다. 돕는 자의 기본적 정신으로서 여자의 능력은 바로 지혜이다. 지식은 가르치고 훈련하면 얻을 수 있지만 지혜는 하나님으로부터 오는 능력이다. 지혜로운 여자들은 상냥하다. 늘 그들은 밝은 표정으로 사람들을 대한다. 또한 센스가 있다. 교양이 있다. 교양 있다는 것이 목소리가 조근조근하다는 것을 의미하지는 않는다. 교양있는 여자는 마음에 평정이 있는 사람이다. 어떤 상황에서도 중심이 흔들리지 않고, 어떤 사람 앞에서도 위축되거나 두려워하지 않는다. 진리 안에서 자유로운 사람 이런 사람이 바로 교양있는 사람이요 지혜로운 여자이다. 또한 지혜로운 여자는 진취적이다. 조금 더디게 성장할지라도 후퇴하지 않는다.

이 자비의 사랑을 할 때 우리는 사랑할 상대가 있어 감사함을 느끼고 행복하게 된다. 그저 그 자리에 있는 것만으로도 감사하다. 미성숙했을 때의 나는 사랑의 줄다리기를 했다. 내가 사랑을 주는 만큼 사랑을 받아야 한다고 생각했다. 그러나 지금은 다르다. 그 사람이 주든지 안 주든지 나는 내 사랑을 상대방에게 전하며 사랑할 상대가 있다는 것 자체에 감사하게 되었다.

또한 자비의 사랑을 하는 사람은 사랑할 수 없는 상대를 사랑하면서도 오히려 그로 인해 내 신앙적 인격이 성숙하게 되었다고 고백한다. 하나님의 사랑이 이 땅에서 완성되기 위한 통로로 내가 사용되었다는 것에 감사하게 된다.

진정으로 하나님의 형상을 찾기를 원하는가? 그렇다면 먼저 사랑을 찾길 바란다. 세상에서 말하는 그 사랑이 아니라 하나님이 가지고 계신 선물적인 사랑, 자비의 사랑 그 고귀한 사랑을 찾아라. 영적으로 건강한 사람은 하나님을 사랑하고 받은 그 사랑을 다른 사람에게 전달한다. 이것이 바로 사명이기도 하다. 능력이신 하나님, 사랑이신 하나님께서 주시는 이 자비의 사랑으로 주어진 삶을 완성시켜 가자. 사랑은 능력이다!

당신은 사랑입니다

어찌 그리 작은 가슴으로
그리도 크나 큰 사랑을 품어낼 수 있는지
때로는 그 사랑 독차지 하고 싶은 때도 있지만
부질없는 욕심인지라
잠시 부끄러움으로 비워 버립니다

많은 이들을 어미 닭처럼 품어내면서
털끝 하나 다칠까
늘 기도로 울음으로 지켜내시는 당신

그 사랑이 가슴으로 느껴질 때면
전율이 느껴지고 한없이 울음이 복받치지만
아무것도 하지 못하고
젖뗀 아이처럼 당신을 바라만 보고 있는
내 모습에 가슴이 저려옵니다

가시고기의 희생처럼
가치를 따질 수 없는 고귀한 말씀을 만들어 내시고
그 말씀 먹이시는데
먹어도 자라지 못하고 살찌지 못하니
어찌 영적 장애아가 아니겠는지요

자라지도 살찌지도 못하는 자식을 둔 어미의 마음
헤아려 두 손 들고 일어나 당신에게 안기고
싶은 마음 이리도 간절한데...

어머니!
기다려 주소서 사랑과 인내를 갖고 지켜봐 주소서
일어날 것입니다 반드시 일어나 당신 가슴에 안기어
기쁨과 환희의 눈물로 당신의 가슴에 딱지 되어버린
인고의 아픔을 닦아드릴 것입니다.

당신의 채찍이 사랑스럽고
당신의 매 한 대가 반가울 뿐입니다

왜냐하면
그것은 사랑이기 때문입니다
당신은 사랑이기 때문입니다
예수님을 닮은 사랑이기 때문입니다

-이버이날 믿음의 딸 복된 염매로부터-

《흙과 씨앗의 만남》을 접으면서 과연 하나님께서 내게 주신 메시지를 가감 없이 전달하고 말씀으로 사역자들을 훈련함에 있어 하나님 뜻에 어긋남이 없었는지 나를 점검해 보는 시간이 되었다. 이 책을 접하시는 모든 분들에게 우리 교회의 좋은 모습을 보여 드림이 혹여 그 모습이 교회의 전부라 여기시지 않을까 우려의 마음도 있다.

100여명의 성도가 있지만 성도 전부가 만족할 만한 협력자가 되는 것은 아니다. 양이 되어 순순히 따라주고 협력해 주는 성도가 있는가 하면 때로는 염소가 되어 들이 받기도 하고 버팅기기도 하여 목자의 마음을 아프게 하는 성도가 있는 현실의 교회... 우리 교회도 다르지 않다. 기대만큼 따라주지 못하는 가정이 있어 기도제목이 되기도 하는 가정도 있다. 다만, 목회자가 어느 부분에 포인트를 두느냐에 따라 비전이 있는 목회인가 아니면 현실에 안주하는 목회인가가 결정되어 지는 것이다. 100여명 중 목회자의 마음을 헤아려 주지 못하는 90명보다 뜻을 같이하는 10명의 성도에게 초점을 맞추고 목회를 해 나간다면 그 속에서 반드시 비전의 꽃은 피어 날 것이다. 비전이 있는 교회는 건강한 교회다.

우리교회도 섬 교회의 전형적인 문제점인 인적 부족과 경제적인 취약함을 가지고 있지만 소수의 성도들이 지도자와 발을 맞추어 미래를 품은 교회로 또한 영적인 샘터로 만들어 가기 때문에 행복한 목회가 되는 것이다. 우리 교회 앞을 지나가시다가 교회가 너무 예뻐서 한번 들러보고 가고 싶다고 하시는 분들이 종종 있다. 겉모습도 예쁘지만 그 안에 담겨져 있는 내적 성숙함이 아름다움을 담아내고자 오늘도 우리는 마음을 모은다. 모든 것이 갖춰지고 이루어져서 행복한 것이 아니라 끊임없이 기도하며 마음을 함께 하는 성도들과 이루어 나감으로 그 속에서 겪는 일상의 모든 일들이 나의 행복 모티브가 되어준다.

우리는 이미 얻은 것도 아니요. 온전히 이룬 것도 아니다. 다만 한 어린 아이의 작디작은 보리떡 다섯 개와 물고기 두 마리가 주님의 손에 들려져 크게 쓰여졌던 것처럼 우리들이 가진 적은 능력을 주님께 내려놓은 것뿐이다. 주님 앞에 작은 것이지만 최상의 것으로 드리기 위해 살피고 또 살폈다. 이제 주님께서 축사하실 차례다. 보리떡 다섯 개와 물고기 두 마리로 5천명을 먹이셨던 주님이 오늘 우리 교회와 성도들의 보리떡과 물고기로 어떤 기적을 일으키실지 우리는 주님의 뜻을 기대할 뿐이다.

아직 미완성의 단계이지만 훈련을 통해 닮음질 하는 성도들이 있고, 나보다 나를 더 아끼고 사랑해 주는 성도들이 있어서 나는 기도를 멈출 수가 없다. 또한 주님께 거저 받은 이 사랑을 나 또한 거저 주어야 하기에 기도해야만 한다. 사랑은 무한한 능력이며 사랑은 우리의 마지막 사명임을 알기에 나는 기도를 멈출 수가 없다. 기도는 내게 주신 모든 문제 해결의 마스터 키(Master Key)이기 때문이다.

나는 크고 작은 축복의 만남을 주신 하나님께 감사한다. 넉넉함 속에서 누리는 풍요로움이 아니라 부족하지만 그 부족함을 풍요로움으로 바꾸어 가는 목사님과 성도들이 있기에 나는 오늘도 선령님과의 만남 속에서 사랑의 밑그림을 그려간다.

영혼의 샘터 깊은 우물

참 된 지도자

자신의 불완전함을 고민하지 않는 자는 지도자가 아니다.
자신을 깨려고 손가락을 깨물지 않는 성직자는
이미 성직자일 수가 없다.

그리스도께 가까이 가려고 몸부림 친 바울을 사랑한다.
오늘도 그 분을 닮으려 나를 허물어 간다.
얼마만큼 낮아져야 그 분의 자리에 다다를 수 있을까?

주님은
기고만장 속에 자신을 감춘 맹목적인 확신자보다
몸부림치며 고민하는 구도자 속에 계신다.
고민하지 않는 지도자는 이미 성직자일 수 없다.

흙과 씨앗의 만남

초판 1쇄 ■ 2007년 8월 15일

지 은 이 ■ 임교희
펴 낸 이 ■ 채주희
펴 낸 곳 ■ 엘맨출판사

등록번호 ■ 제13-1562호 (1985. 10. 29)
주　　소 ■ 서울시 마포구 합정동 433-62
전　　화 ■ (02) 323-4060, 322-4477
팩　　스 ■ (02) 323-6416
이 메 일 ■ elman1985@hanmail.net

I S B N ■ 978-89-5515-263-0　13690

값 9,000원